AF300422

JEAN-BERNARD

PAROLES

RÉPUBLICAINES

AVEC UN PLAIDOYER POLITIQUE

DE

M. GEORGES LAGUERRE

Député de Vaucluse

PARIS

LIBRAIRIE HENRI MESSAGER

105, BOULEVARD SAINT-MICHEL, 105

1885

PAROLES RÉPUBLICAINES

JEAN-BERNARD

PAROLES RÉPUBLICAINES

AVEC UN PLAIDOYER POLITIQUE

DE

M. GEORGES LAGUERRE

Député de Vaucluse

PARIS

LIBRAIRIE HENRI MESSAGER

105, BOULEVARD SAINT-MICHEL, 105

1885

AU LECTEUR

Au moment où s'ouvre la campagne électorale,
il nous a paru intéressant de réunir en une brochure divers articles de journaux ou divers discours appréciant au jour le jour les actes de cette
coterie politique contre laquelle les républicains
indépendants et dignes de ce nom vont commencer
la lutte.

Ces articles, ces discours ont été écrits ou pro-
noncés par un des jeunes champions de la cause
radicale, M. Jean-Bernard, l'auteur de l'Histoire
anecdotique de la Révolution française, le rédacteur assidu de la République radicale; ils nous ont
paru, par la solidité des convictions et l'élévation
des pensées, constituer une sorte de memento politique bon à consulter au moment de la période
électorale; aussi les avons-nous réunis en brochures.

Nous y avons joint une plaidoirie politique prononcée à Lyon par M° Laguerre, député de Vaucluse, plaidoirie qui est une page magnifique en faveur de la liberté de penser.

Notre but est tout de propagande.

Notre désir sera atteint si nous avons pu rendre service à la cause de la République.

L'Éditeur,

Henri **MESSAGER.**

PAROLES RÉPUBLICAINES

LE GRAND PROBLÈME

Vous connaissez tous l'histoire de ce baladin qui occupa longtemps une encoignure du vieux Pont-Neuf, au temps où il y avait encore des baladins, où le Pont-Neuf était vieux et où il avait des encoignures. Ce bateleur, qui vivait du fruit des aumônes publiques, était un ancien viveur qui avait pris la précaution de manger tous ses biens, probablement par crainte des voleurs. Il en avait été réduit au charlatanisme, faisant contre mauvaise fortune bon cœur. Le successeur de Tabarin montrait une carpe frétillant dans son bocal et un lapin broutant des feuilles de choux. Le charlatan expliquait aux badauds qu'ayant éprouvé des revers de fortune il avait consacré sa vie aux sciences, voué son existence à la solution des problèmes insolubles ; parmi ces problèmes il plaçait au premier rang l'alliance intime et animale de la carpe et du lapin, qu'il prétendait faire féconder l'une par l'autre.

Ce plaisantin se moquait de son public qui, du reste, le lui rendait bien.

Les conservateurs d'aujourd'hui ont dépassé ce charlatan d'autrefois.

Ils ont essayé de grouper les diverses fractions du parti réactionnaire, de les féconder en formant ce qu'ils ont appelé, je ne sais pas pourquoi, l'union conservatrice. Dans cette fédération où il n'y a jamais eu d'union, on trouve les résidus de tous les partis qui veulent le renversement de la République.

Vous connaissez, pour que je n'aie pas besoin d'insister, la déconfiture de ces accouplements que l'on aurait justement pu appeler la désunion des mécontents.

Bonapartistes, légitimistes, orléanistes, n'ont jamais pu s'entendre et la comédie souventes fois commencée a toujours fini au milieu d'un homérique éclat de rire.

Cet échec n'a pas découragé ces incorrigibles de la résistance et ils ont remis une dernière fois en commun leurs espérances déçues, leurs rancunes mal assouvies, leurs ambitions de toutes sortes à la veille des élections législatives de 1885.

Cela n'est pas fait pour bien nous effrayer, car

en présence de ces trois partis qui se réunissent et dont l'un dit blanc quand l'autre dit bleu, pendant que le troisième dit rose, l'entente n'est pas plus possible aujourd'hui qu'elle ne l'était hier. Les factions réactionnaires ne peuvent arriver à aucun résultat pratique ; unies au départ, elles se divisent en route, avant même de commencer la lutte.

Supposons pour un moment cette chose impossible, que les réactionnaires aient la majorité aux prochaines élections. Ils voudront évidemment renverser la République ; la renverser c'est bientôt dit, mais la remplacer par qui et par quoi ? C'est là où la difficulté commence et ce sur quoi les prétendus conservateurs ne se mettront jamais d'accord.

Ils sont d'accord pour démolir, mais ils ne peuvent s'entendre pour reconstruire; leur division fait leur impuissance.

Nous devons cependant signaler le commencement de cette farce d'où ne sortira pas plus d'effet que de l'accouplement légendaire de la carpe et du lapin.

Nous avons encore quelques bonnes journées de gaîté!

MANDATAIRES ET MANDANTS

Les électeurs de Lons-le-Saunier, l'excellente ville du Jura, signèrent dans le courant de 1882 une adresse un peu vive mais très énergique à leur député M. Lelièvre, ancien sous-secrétaire aux finances dans le cabinet de M. Gambetta. Je parle de cet incident, parce qu'il se rattache à notre système électoral, dont il met en lumière un des défauts les plus graves ; je puis dire toute ma façon de penser avec d'autant plus de liberté que, quoique ne partageant pas la manière de voir de M. Lelièvre, j'ai eu avec lui des rapports très cordiaux et que, d'autre part, je possède quelques sympathies dans son département, un des meilleurs de France, surtout au point de vue de l'instruction. Je peux, je crois, dans ces circonstances, dire mon opinion avec toute franchise et comme un ami qui parle à d'autres amis divisés par une question d'intérêt général.

Voici d'abord la lettre à M. Lelièvre :

A MONSIEUR LELIÈVRE, DÉPUTÉ.

« Depuis longtemps, monsieur, nous avions à nous plaindre de la façon dont vous remplissez votre mandat.

« Vous avez promis mille choses dont nous n'entendons plus parler. On vous avait nommé pour faire nos affaires et non les vôtres. Nous comptions sur un défenseur des vrais principes démocratiques et vous vous êtes allié à l'opportunisme, vous êtes devenu l'un des courtisans du pouvoir personnel.

« Le vote clérical et anti-patriotique que vous avez provoqué, comme président du Conseil général, contre la Ligue française de l'enseignement nous sépare plus profondément que jamais.

« Nous ne craignons donc pas de vous déclarer que vous n'avez plus nos sympathies ni notre estime politiques.

« Dans ces circonstances, et si vous croyez vraiment avoir toujours agi suivant votre conscience, vous n'hésiterez sans doute pas à donner votre double démission de député et de conseiller général, pour vous représenter devant vos électeurs et savoir par une manifestation solennelle si vous avez encore la confiance de la majorité de vos concitoyens ou si, comme nous le pensons, vous n'avez plus aucun titre pour nous représenter.

« Recevez, monsieur, nos salutations. »

Donc, de ceci il ressort que depuis longtemps les électeurs ont cessé d'être d'accord avec leurs députés ; c'est le vote de M. Lelièvre au conseil général du Jura, contre la Ligue française de l'enseignement, qui a définitivement rompu une situation déjà tendue. Dès lors, les électeurs déclarent à leur député qu'il n'a plus leur confiance; ils lui réclament sa démission en l'invitant à redemander au suffrage universel une consécration nouvelle mais problématique.

Notez, je vous prie, que je ne voudrais rien dire de désobligeant à M. Lelièvre, qui est un galant homme; en outre, ce n'est pas le premier venu, et pendant longtemps il a rendu de vrais services en travaillant dans les commissions parlementaires. Il ne peut pas ici s'agir de personnalités.

J'ai pris le cas de M. Lelièvre, cas des plus caractéristiques, parce que c'est là un exemple instructif dont nous pouvons tirer des enseignements généraux et parce qu'aussi la situation est très nettement posée entre les électeurs et leur député. D'un autre côté, on ne peut pas reprocher à ces républicains du Jura, dont le tempérament est froid, qui ont donné tant de preuves de sagesse et de patriotisme, d'avoir la tête trop près du bonnet, comme on dit en langage vulgaire. Non, l'exemple dont nous voulons tirer aujourd'hui des conséquences est d'autant probant que les Jurassiens sont gens sensés, réfléchis, ne se laissant pas emporter par le premier mouvement, n'ayant pris la résolution dont il s'agit qu'après en avoir bien envisagé toutes les résultats. Ils ont longtemps attendu, comme le dit la lettre, ce n'est qu'après une dernière faute qu'ils se sont décidés à dire publiquement à leur député ce que vraisemblablement des amis devaient lui avoir laissé entendre en particulier depuis longtemps.

Par conséquent, nous ne pouvions trouver un exemple mieux choisi. D'un côté des électeurs ne se laissant pas entraîner par des raisons de circonstances ; de l'autre un député parfaitement honorable, d'une capacité incontestable, d'une valeur personnelle incontestée.

Tout se passe donc ici sur le terrain politique.

Les électeurs disent à M. Lelièvre :

— Vous nous aviez promis mille choses dont nous n'entendons plus parler. Nous comptions sur vous pour défendre les vrais principes démocratiques et vous vous êtes rallié à l'opportunisme. Nous vous retirons notre confiance.

Comme on le voit, tout se résume en une question de principes.

Les électeurs avaient voulu nommer un député d'une nuance déterminée, l'avaient chargé de soutenir un certain nombre de réformes délimitées par avance. Après l'élection, le député se trouve avoir une nuance tout autre, il est hostile aux réformes désirées par ses mandataires.

Eh bien, quelle est la situation respective des deux parties dans de pareilles circonstances, étant donné nos lois et nos habitudes politiques ?

Le député va continuer à siéger comme si de rien n'était, il va continuer à se dire le représen-

tant d'électeurs qui ne cessent de lui crier à tue-
tête :

— Nous n'avons plus confiance en vous !

Oh ! la conduite du député me paraît bien
simple ! Il n'avait tout bonnement qu'à provo-
quer dans son département une grande réunion
publique où il aurait répondu à ses adversaires.
S'il était condamné, il n'avait qu'à donner sa
démission et à se représenter aux suffrages de ses
commettants avec un programme répondant exac-
tement à ses idées d'aujourd'hui, ces idées fus-
sent-elles différentes de celles émises par lui lors
des dernières élections. Car enfin, vous ne pouvez pas exiger d'un homme qu'il ait sur les divers
points d'un programme politique des opinions
immuables. Il peut très bien arriver que, de
bonne foi, au moment des élections il ait cru cer-
taines réformes bonnes et désirables et qu'il ait
changé d'avis après que la question a été débat-
tue devant la Chambre ; son opinion a pu être
modifiée par les travaux préparatoires des commissions ou par les débats publics.

Dans ce cas, j'estime qu'un député doit s'abs-
tenir de voter une loi qu'il avait promise à ses
électeurs, mais qu'il trouve mauvaise, le jour
des débats parlementaires venu.

Ne pas la voter est pour lui un devoir.

Mais comme il n'est pas seul juge de ses actes
de député, comme il y a quelqu'un qui a plus de
jugement que lui et que ce quelqu'un s'appelle

Tout-le-Monde; comme d'autre part il ne peut modifier un contrat synallagmatique à lui seul, le devoir impose au député l'obligation de se rendre auprès de ses électeurs avant le vote en leur tenant à peu près le langage suivant :

— En ma conscience, je ne crois pas devoir m'acquitter d'une partie du mandat que vous m'avez confié. Voici les raisons qui m'ont déterminé. Voulez-vous modifier le mandat dans le sens que je vous indique? Si oui, je suis prêt à vous servir encore, après la modification faite. Si non, je me retire en vous laissant le soin de me remplacer.

Voilà le véritable devoir d'un député comprenant bien le sens de sa mission.

Il faut, en effet, toujours en revenir là ; le député contracte un engagement avec ses électeurs, engagement réciproque, qui n'existe et n'est résiliable que par le consentement des deux parties qui sont liées autant l'une que l'autre.

Le député n'est qu'un mandataire, pas autre chose.

Or, le mandat est de droit strict, il oblige également les deux contractants, il ne leur est pas possible de le modifier sans leur consentement mutuel.

Tenez, prenons un exemple qui vous fera toucher la chose du doigt.

Supposons que vous êtes ingénieur. Nous convenons que nous vous donnerons un traitement de dix mille francs par an, afin que vous vous rendiez auprès d'une importante compagnie financière pour la faire cautionner un chemin de fer en voie de construction. Vous devez employer vos efforts, vos talents, vos travaux à obtenir cette caution. Vous acceptez. Nous voilà liés par un contrat synallagmatique.

Comment seriez-vous reçu si un jour vous nous arriviez avec une caution non pour un chemin de fer mais pour un canal ?

Nous vous traduirions devant les tribunaux, le contrat serait résilié et vous devriez nous payer des dommages-intérêts considérables.

Le cas est le même dans l'espèce. L'importance seule varie.

Prétendez-vous qu'un contrat politique est moins important, moins sacré, moins sérieux qu'un contrat civil ?

Si je vous charge de voter rouge et que vous votiez blanc, si je vous charge de défendre les principes démocratiques et que vous votiez contre, croyez-vous que votre cas ne sera pas plus grave que si vous m'aviez fait obtenir un canal au lieu d'un chemin de fer ?

Comment, il me faudrait respecter un contrat que vous violez, vous, tous les jours ?

Cela n'est pas possible ; dans tous les cas, le député ne peut pas supporter une semblable situation irrégulière, situation qui n'est malheureusement pas spéciale à M. Lelièvre et à Lons-le-Saunier, car nous la trouvons dans beaucoup d'autres arrondissements avec des circonstances bien autrement graves que dans le cas actuel et que nous n'avons choisi, je le répète, comme exemple, qu'à cause de sa clarté et de sa netteté.

Dans combien d'autres cas l'électeur et l'élu sont divisés pour des motifs encore plus graves !

Eh bien, franchement, croyez-vous que les électeurs puissent être trompés ? Croyez-vous qu'il soit loisible à un homme de violer ses engagements en obligeant dix mille hommes à tenir les leurs ! Croyez-vous qu'il soit possible à un député de conserver une fonction qu'il doit à la confiance de ses électeurs, quand cette confiance lui a été retirée ?

Pour ma part, je ne le pense pas.

Mais le moyen d'empêcher de pareils abus ?

Il n'y en a pas.

Voilà pourquoi je suis partisan du mandat impératif.

L'ENSEIGNEMENT PROFESSIONNEL

On posait la première pierre d'un grand établissement supérieur d'instruction professionnelle. On a prononcé, à cette occasion, un discours rempli d'idées généreuses et de sentiments élevés : idées, sentiments que nous applaudissons d'autant plus volontiers qu'ils nous viennent de la Révolution française. C'est la Révolution française, en effet, qui, la première, a inscrit les écoles professionnelles sur son admirable programme de réformes.

L'enseignement professionnel est vraiment une éducation démocratique et nationale.

Prononcer un discours stylé avec élégance, cela est beau et cela est bon, mais faire appliquer les principes énoncés, cela est encore préférable.

Il n'y a, du reste, qu'à laisser aller le mouvement, il n'y a qu'à suivre l'impulsion donnée dans ces derniers temps ; ainsi, tandis que les écoles professionnelles n'étaient qu'au nombre de vingt en 1870, elles atteignent aujourd'hui le chiffre de quatre cents.

C'est une idée qu'il faut poursuivre sans relâche, et ce sera justice pour les enfants des ouvriers, pour lesquels on est loin de dépenser autant que pour les fils de la bourgeoisie.

On nous parle souvent à ce sujet, et avec raison, de tout ce qui a été fait pour l'instruction primaire ; mais si on va bien au fond des choses, on s'aperçoit qu'ils sont bien petits les sacrifices faits pour les quatre ou cinq millions d'élèves appartenant à la classe ouvrière, qui fréquentent les écoles primaires, si on les compare aux sommes considérables employées pour les deux cent mille enfants de bourgeois fréquentant nos lycées et nos établissements d'instruction secondaire.

Nous sommes loin de regretter l'argent dépensé pour les uns, à la condition qu'on donnera des soins équivalents aux autres.

A l'école primaire, l'enfant apprend les notions indispensables qui feront de lui un homme, un citoyen ; à l'école professionnelle, il se préparera à devenir un ouvrier. Entre le moment où l'adolescent sort de l'enfance et devient un jeune homme, il y a un intervalle durant lequel il échappe à toute direction ; c'est une lacune que l'école professionnelle vient combler. C'est une

œuvre d'émancipation par excellence, celle qui
arrache le travailleur aux vieilles idées, aux an-
ciennes routines, pour le pousser à une trans-
formation raisonnée de son labeur.

Il faut que partout l'intelligence se substitue
peu à peu au travail purement mécanique.

Par une éducation habile, on est arrivé à nous
donner de jeunes contre-maîtres qui, dans deux
ou trois ans d'études spéciales, ont pu apprendre
ce que donnent vingt ans de pratique; il faut
obtenir les mêmes résultats pour les simples
ouvriers. Ainsi, tous les ans, les écoles d'arts et
métiers d'Aix, d'Angers, de Châlons, forment des
contre-maîtres très habiles ; les écoles professionnelles, de leur côté, doivent former des ouvriers
capables, passant, grâce à cette éducation spéciale, par-dessus le long apprentissage matériel
des premières années d'atelier.

Continuer dans cette voie, c'est poursuivre le
relèvement intellectuel des travailleurs français.

La République combattra de cette façon encore
les doctrines monarchiques. Les réactionnaires de
de toutes les époques, en effet, se sont toujours
opposés à cet affranchissement du travail manuel ;
ils ont cru que les études des sciences appliquées
aux arts industriels ne pouvaient que donner aux
ouvriers le mépris de leur métier et le dégoût de
leur situation, comme si c'était déconsidérer le
métier que de l'élever et de l'ennoblir.

Oui, de l'ennoblir ! c'est cette noblesse que

nous demandons et que nous voulons respectée, parce que nous savons bien que celle-là ne manquera pas à ses engagements, ne mentira pas à ses origines.

Émanciper le travail, c'est faire de la bonne politique.

Continuons donc avec opiniâtreté.

Ouvrir des écoles professionnelles, c'est faire appliquer le programme de la Révolution française ; améliorer le sort des ouvriers, c'est faire un pas vers la solution de la question sociale.

Bâtissons des écoles professionnelles sur tous les points de notre belle France. Prodiguons l'argent sans crainte, car, pour finir par la parole de Danton : Quand il s'agit d'ensemencer le vaste champ de la République, on ne doit pas regarder au prix de la semence.

LES SECOURS AUX RÉSERVISTES

Un conseiller municipal d'une petite commune me fait l'honneur de m'adresser une longue lettre pleine de judicieuses observations sur le sort des réservistes malheureux qui sont appelés pendant quatre ou cinq semaines sous les drapeaux. La lettre se termine par une question qui m'est posée :

En l'absence des chefs de famille, souvent seuls soutiens du ménage, m'écrit mon honorable correspondant, ne vous semble-t-il pas que le devoir des conseillers municipaux est de venir en aide à ces malheureux qui restent pendant vingt-huit jours dans la gêne la plupart du temps, souvent dans la misère ? Veuillez donc me dire, M. le rédacteur, en votre qualité d'avocat vous devez le savoir, cela, veuillez me dire s'il y a une loi qui nous autorise à voter les fonds pour les familles pauvres des réservistes et quelles sont les sommes que nous sommes autorisés à voter.

Je suis absolument de l'avis de mon correspondant, le sort des réservistes et de leur famille est des plus intéressants et mérite la sollicitude de tous les gens de cœur à quelque parti qu'ils appartiennent. Car ceci n'est pas une question de politique, mais une question d'humanité.

Je ne parle pas bien entendu du réserviste lui-même qui pendant près d'un mois va être soumis à un régime auquel il a cessé depuis longtemps d'être habitué.

On a beau faire et beau dire, l'entretien de la troupe est loin d'avoir atteint tout le confort que nous avons le droit de demander. Aussi le réserviste, s'il n'a d'autres ressources que son travail (et c'est de celui-là seul que je m'occupe) souffrira sûrement au point de vue matériel. Pendant vingt-huit jours il lui faudra supporter les fatigues si rudes des grandes manœuvres, obligé de vivre à l'ordinaire de sa compagnie avec les deux gamelles par jour, suffisantes comme quantité, mais laissant souvent à désirer comme élément nutritif. Ajoutez le manque absolu, ou à peu près, de vin et vous aurez, au point de vue matériel, une idée des privations qu'il devra subir.

Mais le soldat est homme, il a du courage et se fait une raison. Puis, vingt-huit jours sont si vite passés.

Ceux qui sont surtout à plaindre ce sont ceux qu'il a laissés à la maison, là-bas, sans ressources et sans pain, comme il y en a tant malheureusement.

C'est de ceux-là qu'il faut s'occuper. S'il est vraiment une position intéressante, c'est assurément celle des pères, mères, femmes et enfants, de ceux dont l'unique soutien est obligé de les abandonner pour aller payer sa dette à l'armée.

Les réservistes vont, comme tous les autres soldats, s'exercer aux manœuvres, afin d'être prêts, si le cas se présentait, à servir les intérêts du pays, s'ils étaient menacés.

C'est dans l'intérêt de la collectivité qu'ils partent, c'est à la collectivité à leur venir en aide. Cela ne se démontre pas tant la chose est évidente. Nous avons le droit d'exiger que chacun serve son pays, mais nous n'avons pas le droit de laisser mourir de misère et de faim les familles de ceux que nous appelons sous les drapeaux.

Aussi mon correspondant a pour lui tous les hommes sensés et humains.

Oui, il y a quelque chose à faire.

Mais quoi? Voilà la question.

On me demande s'il y a une loi qui autorise les conseils municipaux à voter des fonds et quelle est la limite fixée par cette loi?

La loi existe.

La loi n'est pas celle que nous pourrions rêver, mais vous savez, comme dit le proverbe : faute de grives on prend des merles. Cette loi est d'abord peu pratique et de plus je la trouve d'une insuffisance qui apparaîtra clairement quand j'en aurai résumé l'économie générale.

Le but est d'accorder des secours aux familles nécessiteuses des réservistes et des territoriaux appelés sous les drapeaux.

La commune, le département et l'État sont chargés successivement, suivant le cas, à défaut l'un de l'autre et dans des mesures différentes de venir en aide aux familles pauvres.

L'article premier met ce soin à la charge des communes qui sont autorisées à s'imposer tous les ans et extraordinairement jusqu'à trois centimes additionnels au chapitre du principal des quatre contributions directes. Si ces ressources sont insuffisantes, les conseils municipaux s'adresseront à la commission départementale qui est autorisée dans ce cas à aider les communes. Mais comme il peut très bien se faire que les ressources disponibles, — et souvent elles ne sont pas très fortes, — du département et de la commune soient épuisées sans que certes les misères soient secourues, la commission départementale à son tour s'adressera au ministère de l'intérieur à qui un crédit de 300,000 fr. sera ouvert chaque année.

Trois cent mille francs pour trente-six mille communes !

Eh bien, je dis que cette loi est loin de me satisfaire. Je voudrais que la commune, que le département, que l'État, au lieu d'être appelés, l'un à défaut de l'autre, fussent tenus de secourir, tous les trois ensemble, par un sacrifice commun, les familles pauvres. Alors, nous pourrions espérer une action efficace. Je sais bien qu'il est des communes assez riches pour se passer du concours de l'État ou du département, et qui peuvent à elles seules subvenir à tous leurs besoins ; mais, ces communes sont l'exception et ce n'est jamais sur l'exception que l'on doit faire reposer le principe d'une loi. Puis, il y aurait une chose bien simple à faire. Au lieu de décider que l'État et le département interviendront quand la commune sera trop pauvre, il faudrait, au contraire, décider qu'ils n'interviendront pas quand elle sera trop riche.

Vous voyez bien la différence, n'est-ce pas ? Aujourd'hui la commune est seule responsable : c'est la règle. A titre exceptionnel, le département vient au secours de la commune, et, si besoin est, s'il se sent trop faible lui aussi, demande l'appui de l'État, c'est-à-dire que l'on présume que les communes auront assez d'argent.

Nous voudrions, nous, que l'on présumât, au contraire, la nécessité des secours ; ce n'est que dans le cas où ils seraient reconnus inutiles qu'on les réserverait. C'est la même chose, avec cette différence que c'est le contraire. Dans l'État actuel, le secours est problématique, dans notre système, il serait toujours certain.

J'ajoute qu'avec les mœurs paperassières de nos bureaux et la routine tatillonne de nos administrations, toutes les familles pauvres ont le temps de mourir deux fois d'inanition avant que les secours soient parvenus à destination.

Voici ce qui arrive quatre-vingt-dix-neuf fois sur cent.

La commune, après s'être imposée de trois centimes additionnels, se trouvant à fond de caisse, en saisit la commission départementale; mettons huit jours au plus bas mot pour cette formalité. Si le département se trouve aussi pauvre que la commune, il s'adresse au ministre; mettons huit autres jours, et je suis très large; je fais l'éloge de l'administration en lui prêtant cette rapidité. Ceci nous fait seize jours. Avant que le ministre se soit prononcé, vous pouvez ajouter un gros mois. Soit, en tout, quarante-six jours. Il n'y a même pas d'exemples qu'une demande ait parcouru la filière des bureaux de la commune au département, du département au ministère et *vice versa* dans un pareil laps de temps; j'en sais à qui il a fallu des trimestres et même des années : je pourrais même en citer qui ne sont jamais revenues.

Mais, en prenant les choses au mieux, quarante-six jours sont déjà un bien joli chiffre, et si on nous enfermait autant de temps sans une bouchée de pain, vous ne manqueriez pas de trouver que c'est un peu long.

Ces réflexions n'ont pas été faites à la Chambre, la loi a été votée entre deux suspensions, à la hâte: cette question est pourtant plus intéressante que telle interpellation qui a accaparé deux ou trois séances.

Cependant, telle qu'elle est, il faut nous estimer encore bien heureux de l'avoir. C'est un commencement.

Plus tard on fera mieux.

UN DE PLUS!

(CONTRE LA PEINE DE MORT)

Oui, la société, cette jolie société dans laquelle nous vivons, vient de commettre un crime légal de plus.

Elle vient de guillotiner un délirant qui, dans un accès de folie, avait commis un assassinat. Ce n'était pas un criminel, mais un malade irres—ponsable.

Nos hauts magistrats, après enquête, débat, verdict de la cour, arrêt, pourvoi et recours en grâce, ont fait appliquer la loi, ils ont supprimé du même coup le malade, la maladie et le remède. Guillotinez, n'examinez pas ! telle est la consigne.

En toute franchise, je dois vous avouer que je ne suis pas de cette école du sentimentalisme à

2.

outrance qui fait tomber en pamoison ses adeptes à la seule vue d'un assassin. Un meurtrier ou un empoisonneur ne m'inspire pas de ces élans de sensiblerie passionnelle qui sont le propre des philanthropes de profession. Je l'avoue à ma honte, et comme je le pense, un assassin est à mes yeux une bête malfaisante dont il faut se préserver. Mais s'il faut que la société se préserve et nous défende, il faut aussi qu'elle ne s'expose pas à commettre de ces erreurs abominables qui sont au fond de vrais assassinats.

Il est inutile de refaire ici l'éternel plaidoyer contre la peine de mort. En dehors des raisons données par les philosophes et les criminalistes, il en est une fournie par le vulgaire bon sens, qui me semble concluante.

Ainsi le droit d'infliger une peine irréparable, de couper le cou à un individu, suppose un juge infaillible, un juge qui ne se trompe pas et qui ne peut pas se tromper. Or, si nous lisons les annales judiciaires, des centaines, des milliers d'exemples nous démontrent que rien n'est aussi fréquent qu'une erreur de ce genre.

Vous savez tous, n'est-il pas vrai, à quoi tiennent souvent les verdicts du jury en cour d'assises, quand la question capitale est posée. C'est la plupart du temps, une affaire d'impression d'audience ; or, il n'est pas possible que vous abandonniez la vie de vos semblables à la plus ou moins grande nervosité d'un juré qui fait pencher la balance et descendre le couperet.

Souvent ces impressions sont produites par des arguments scientifiques ayant l'air de présenter toutes les garanties et qui, au fond, n'ont aucune valeur.

Qui ne se souvient de Moreau, l'herboriste de Saint-Denis, condamné à mort pour avoir empoisonné ses deux femmes? Moreau protestait de son innocence, toutes les pparences étaient en sa faveur, mais un médecin passant pour légiste vint déclarer qu'il avait trouvé dans le foie des deux mortes des sels de cuivre. Moreau fut décapité. Ce fut seulement après que l'on découvrit que la quantité de sels de cuivre trouvée était insuffisante pour avoir pu occasionner la mort.

Soit : supposons que le crime soit prouvé, que les jurés ne se trompent pas ; est-ce que l'assassin est responsable? jouit-il de ses facultés mentales? si le criminel n'est qu'un fou? si c'est un malade?

Oui, je sais bien, vous soumettez les condamnés à ce que vous appelez les hommes de l'art; mais est-ce que ces savants ou prétendus tels sont eux-mêmes infaillibles? Est-ce que nous ne voyons pas tous les jours que trois médecins, tous trois hommes de l'art, tous trois très légistes, donnent trois avis différents sur le même cas? Quel est le bon? qui des trois a raison?

Ne vous souvenez-vous pas de cette horrible brute de Menesclou, condamné à mort et décapité, après qu'un médecin dit légiste eut conclu à sa responsabilité ? Eh bien, l'autopsie démontra que Menesclou avait le cerveau en décomposition ; c'était un fou.

De même pour Marquis, exécuté à Dijon, un médecin spécialiste a déclaré qu'il était responsable ; et les médecins qui ont procédé à l'autopsie du supplicié ont vu, à l'œil nu, que la cervelle était recouverte de végétations, ce qui prouve que Marquis était fou également : il était irresponsable, cependant vous l'avez guillotiné.

Ah ! si vous aviez su !

Voilà ! mais vous ne saviez pas, et il est maintenant trop tard.

Si encore ces erreurs épouvantables pouvaient vous servir de leçon ! Mais non : en dépit de tous les exemples, de toutes les erreurs, de toutes les victimes, — disons le mot, — en dépit de tous les crimes légaux, vous continuerez à tuer sans être sûrs que vous ne guillotinez pas des malades ou des innocents, vous continuerez à suivre les idées d'un écrivain d'esprit, homme sans cœur, qui a écrit cette grosse absurdité « que messieurs les assassins commencent ! »

Jolie théorie, et vous en voyez les résultats !

Janvier 1885.

PLACE AUX JEUNES!

J'arrive du Midi pour vous parler après tout le monde de l'élection d'Apt (1), qui a eu, en France, autant de retentissement que la bruyante manifestation de la gare du Nord, où le roi d'Espagne a été traité en uhlan honoraire, mais où le ministère Ferry-Rousseau et compagnie a été sifflé et hué par la population de Paris. C'est que l'élection du Vaucluse a une double importance qu'il ne faut pas négliger : importance politique d'abord et, si je puis m'exprimer ainsi, importance théorique. Nous nous expliquerons tout à l'heure sur ce dernier point.

Inutile de rappeler, ce que vous savez tous

---

1. Ceci a été écrit le 6 octobre, 1883.

déjà : c'est que M. Georges Laguerre a été élu
avec une majorité écrasante de treize cent quarante-six voix dans un département où il n'était
jamais allé, dans un département du Midi qui a
choisi pour le représenter ce parisien raffiné,
froid et délicat qui se trouve être le mandataire
d'une population ardente et remuante. Il avait
pour adversaire ce que l'on appelle un enfant du
pays ; et non pas le premier venu, s'il vous plaît,
mais l'ancien préfet du 4 septembre à Marseille,
M. Delpech, ayant, comme l'on dit, de profondes
racines et des attaches solides dans l'arrondissement. M. Delpech était en outre soutenu avec
une rare vigueur par un brelan de ministres ou
de politiciens qui ont furieuse envie de l'être.
M. Rouvier, l'ancien membre du grand ministère,
promenait de réunion en conférence le placide
candidat opportuniste qu'on laissait très peu parler et qui — quoique du Midi — était condamné
par ses montreurs à garder de Boland le silence
prudent.

Il s'agissait de remplacer Alfred Naquet, récemment élu sénateur.

M. Naquet a cru devoir recommander lui-même
l'humble et obéissant successeur qu'il s'était
choisi, et prenant une part active à la lutte, il a
asséné à Laguerre, du haut des colonnes du *Voltaire*, de grands coups plus malintentionnés que
méchants, dans un long article de lourde prose et
ça n'a pas été le plus petit poids de l'élection à

soulever. Je passe bien entendu sous silence les insultes payées et les mensonges des gagistes de la petite presse qui déversent l'ordure sur commande et par ordre; ceux-là, ce sont les misérables du métier sans probité, sans importance et sans conscience, ce sont les irresponsables, il faut les mépriser et les chasser en les menaçant de l'ordonnance de police : « Il est défendu de déposer, etc. »

Mais j'en reviens à M. Naquet, qui a voulu se gausser de ses anciens électeurs qui, du reste, le lui ont rendu avec usure ; ils se sont mis à rire comme des bossus, suivant l'expression populaire, et c'est ce qui les a distingués de M. Naquet, qui est bien toujours aussi bossu, mais qui ne rit plus du tout. Devant toutes les calomnies, les attaques incroyables, les injures odieuses contre le candidat radical, les vaillants électeurs du Vaucluse ne se sont pas laissé tromper, ils ont tout bonnement haussé les épaules — ce qui est défendu à l'irascible Naquet — et ils ont nommé le candidat qui venait à eux avec un programme franc, loyal, résolu, fermement républicain, contenant toutes les grandes réformes réclamées depuis si longtemps par l'opinion publique.

Donc, les opportunistes en ont été pour leur basses diffamations et pour leur campagne de petites calomnies et de gros mensonges répandus suivant la coutume des sous-Reinachs sous forme de brochures anonymes et de journaux portant des signatures qu'on ne peut même pas relever des ruisseaux où elles traînent d'habitude.

Malgré tout, le triomphe de M⁰. Laguerre a été complet.

Nous avons le droit de nous montrer fiers de ce succès, parce que c'est une nouvelle victoire, et d'autant plus importante, pour le parti radical, que c'est aussi une victoire pour la jeunesse républicaine, dont M⁰. Georges Laguerre est sans conteste le représentant autorisé.

Point n'est besoin de faire ici l'éloge du nouveau député d'Apt; les lecteurs connaissent assez l'avocat que les grands procès de Montceau-les-Mines, de Lyon, de Valenciennes et de Paris ont mis si vite et si justement en vue. De toute la génération qui arrive, je parle de la génération de vingt-cinq à trente-cinq ans, M⁰. Georges Laguerre est assurément celui qui se met bien en avant au premier rang, étant suivi de très loin par bien peu et n'étant en parallèle avec personne. Ceci soit dit sans exagération, et pour affirmer tout haut la supériorité de cet esprit remarquable, de ce talent déjà mûri, de ce grand orateur dans la plus large acception du terme et que les électeurs d'Apt viennent d'envoyer à la Chambre, où il ne tardera pas, nous en avons la sincère conviction, à se faire une large place et où il est appelé à rendre de grands services à la démocratie.

En dehors de ces qualités exceptionnelles sur lesquelles il ne nous convient pas d'insister,

Mᵉ Laguerre affecte dans la vie politique cette rigidité, cette froideur que l'on reproche quelquefois à Robespierre, il a cette sévérité forcée qui était un des traits de Saint-Just. Ce n'est pas sans intention que j'ai évoqué ici le souvenir de Saint-Just et de Robespierre, ces deux grandes et belles figures dont Laguerre est un sincère admirateur. C'est que Laguerre est un de ceux, parmi les jeunes, qui ont étudié avec amour l'épopée nationale ; il a contracté, dans le cabinet de Louis Blanc, dont il a été presque le secrétaire, un respect profond pour ces hommes étonnants de génie et de patriotisme à qui nous devons *les Droits de l'Homme* et qui nous ont laissé de salutaires exemples d'honnêteté privée et de probité politique qui ont eu malheureusement jusqu'ici si peu d'imitateurs.

Son élection a une importance théorique, disions-nous tout à l'heure :

En effet, c'est l'avènement à la vie parlementaire des derniers arrivés à la majorité électorale ; Laguerre n'a pas encore vingt-six ans, c'est donc un jeune dans toute l'acception du mot. Nous sommes très fiers de cette élection non-seulement parce qu'elle a fait triompher, avec le drapeau radical, les principes que nous défendons, non-seulement parce qu'elle a ouvert la tribune française à un des grands orateurs que nous ayons, mais aussi parce qu'elle nous permettra de répondre à ceux qui se font une spécialité de parler contre la jeunesse, parce qu'elle nous donne des armes contre les esprits timorés ou les natures intéressées qui répètent sans cesse qu'il faut s'être usé le corps et fatigué l'esprit dans les combats de la vie pour pouvoir prendre part aux affaires publiques.

Nous le disons avec autant de confiance que de franchise et une certitude absolue, Me Laguerre ne tardera pas à occuper un des premiers rangs parmi ses collègues ; dès lors, nous pourrons le citer en exemple quand les pusillanimes, qui sont faciles à l'obstruction et au découragement, reprocheront leur jeunesse aux champions dévoués qui luttent pour les idées républicaines.

Nous sommes de ceux qui pensent que si un parlement a besoin d'hommes mûrs, d'esprits exercés, cette maturité et cette facilité intellectuelle ne sont pas l'apanage de l'âge ; nous sommes de ceux qui prétendent que l'expérience politique est indépendante de la vieillesse.

Qu'appelez-vous en effet expérience en politique ?

Est-ce l'habitude que vous avez de gérer et de discuter les affaires publiques ? Mais cette habitude vous n'avez pu la prendre qu'au pouvoir ; conséquemment, quand vous avez été nommé pour la première fois à une charge élective, quel qu'ait été votre âge, auriez-vous eu quatre-vingts ans, vous en étiez au même point que n'importe quel jeune homme de vingt-cinq ans, et celui qui, comme vous, aura exercé une législature, en saura tout autant.

Donnez-vous, au contraire, au mot expérience la signification de connaissance de la politique elle-même?

Ici je vous arrête encore.

Un jeune homme instruit en sait tout autant que vous, car la politique est une science comme toutes les autres sciences; elle est basée sur les principes du raisonnement, sur les faits qui se sont passés dans tous les siècles et dans tous les pays; il faut connaître non-seulement les annales écrites, mais encore les principes philosophiques et sociaux dont l'application doit tourner sans cesse à l'amélioration des intérêts moraux et économiques des gouvernés. Ajoutez à cela un grand fonds d'honnêteté et de justice et vous aurez tout ce qui est nécessaire pour faire un homme politique des meilleurs.

Eh bien, franchement, je vous le demande, croyez-vous qu'un jeune homme de vingt-cinq à trente ans, instruit, intelligent, ne puisse pas autant que quiconque connaître ces faits historiques, ces principes sociaux, ces données philosophiques et économiques? Sans rien vouloir dire de désobligeant pour nos devanciers, combien parmi les députés d'un âge plus que mûr sont peut-être, sous ce rapport, dans un état d'infériorité et d'ignorance qui nous permettrait d'en dire long si nous n'avions le respect des anciens et des vétérans.

Mais ce que nous voulions établir, c'est qu'un jeune homme qui sait est bien supérieur à un vieillard qui ignore, et que dans tous les cas, à savoir égal, il n'y a aucune différence, et que la sénilité ne saurait accorder aucun avantage.

Il nous serait facile, si nous avions le temps, de nous lancer dans les longues digressions, de prouver que dans les grandes assemblées, les grands travaux dont l'histoire mentionne l'exécution, ont été toujours proposés, préparés et obtenus par les plus jeunes députés de ces assemblées ; mais cette étude nous entraînerait trop loin. Contentons-nous, pour aujourd'hui, de nous féliciter encore une fois de l'élection d'Apt, qui a placé à la Chambre un jeune, en disant à nos concitoyens qui dénigrent la jeunesse.

— Vous qui n'avez pas de confiance dans la jeunesse, regardez ce député, écoutez ce qu'il dit, pesez ce qu'il fait et dites-nous combien vous trouvez de vieux qui l'égalent ; nous vous dirons, nous, combien il y en a qui ne le valent pas.

Aussi, tout en nous inclinant le plus souvent possible devant les anciens, tout en rendant à nos devanciers ce qui leur appartient de justice et de reconnaissance, nous demandons qu'on n'oublie pas les jeunes et nous réclamons leur place partout où ils peuvent être utiles quand il s'en rencontre qui aient, comme Georges Laguerre, le talent, la science et la maturité d'esprit qui seuls font les hommes.

Ceux-là sont rares sans doute, mais il s'en rencontre, soyez-en persuadés, il s'agit de savoir chercher et quand vous les rencontrez, ouvrez-leur hardiment toutes grandes les portes de la vie publique criant:

Place aux jeunes !

Vous ne vous en plaindrez pas.

L'ARMÉE ET LA RÉPUBLIQUE

Ce sont des moineaux avec des allumettes chimiques dans les serres qui se donnent des airs d'aigles portant la foudre de Jupiter.

Th. DE BANVILLE.

Les journaux l'annonçaient il y a quelques jours :

Des sous-officiers de dragons, en garnison à Tarascon, se sont payé leur petite manifestation anti-républicaine.

On représentait *les Fils de* 93, une pièce patriotique où j'ai essayé de « faire grimper l'idée républicaine au Golgotha de la scène. »

Je ne veux pas m'occuper de la pièce.

C'est un drame coulé dans le vieux moule. Comme dans tout drame qui se respecte, après des intrigues nombreuses dirigées par le troisième rôle, le vice est puni et la vertu récompensée. L'action se déroule au milieu des terribles événements de notre épopée nationale. A la fin du cinquième acte, quand le jeune premier retrouve intacte, pure, aimante, sa jeune première, le grand premier rôle verse une larme d'attendrissement et le chœur entonne *la Marseillaise.*

A Tarascon, empoigné, sinon par les péripéties de la pièce, du moins par les strophes à large envergure de Rouget de l'Isle, le public s'est laissé aller à un magnifique élan d'enthousiasme ; il s'est levé tout entier comme un seul homme et a écouté debout, ému, notre superbe cantique national.

C'est ce moment qu'ont choisi les sous-officiers pour y aller de leur insolence gratuite.

Ils se sont assis quand les spectateurs se levaient et se sont couverts de leurs casques quand les autres assistants se découvraient.

Mon Dieu ! je ne veux pas donner à cet incident plus d'importance qu'il n'en comporte ; mais, enfin, avouez qu'il était pour le moins imprudent de braver ainsi, de froisser, de blesser, dans ses convictions les plus profondes, toute une vaillante population.

Les Tarasconnais, ardents républicains, ayant du soleil au cœur et de la braise au sang, ont pris à partie ces soldats qui, d'ordinaire, dans les beuglants, applaudissent les cocottes hurlantes, décolletées jusqu'au poitrail et qui sifflaient l'hymne au chant duquel les héros de la Révolution ont vaincu l'Europe monarchique.

Le maire, forcé d'intervenir, a été assez heureux pour obtenir de ses administrés le dédain pour ces provocations sans portée. Le temps des dangers est passé, qu'importe donc cette petite bravade de soldats après boire ?

Le maire de Tarascon, que je connais, est un brave négociant en draps, ayant payé de six mois de prison ses luttes contre l'ordre moral. En parlant comme il l'a fait, il a tenu le langage du gros bon sens ; il a fait respecter des soldats qui ne méritaient pas mieux que la réprimande.

On ne fustige pas tout le monde.

Oui, certes, le temps des dangers militaires et des légions prétoriennes est passé !

Aujourd'hui, l'armée n'est plus un corps à part, ne forme plus une caste spéciale ; elle fait partie intégrante de la nation.

Chacun de nous s'arrache pour un temps à la vie civile et va payer la dette que l'on a si admirablement appelée : l'impôt du sang.

Les soldats ne sont plus au-dessous, ni au-dessus du pays, mais sur le même plan que les autres citoyens ; sortis de la vie civile, ils en sont éloignés pour un temps, mais ils sont appelés tous à y rentrer bientôt.

Aussi, sans vouloir exiger une armée républicaine — ce qui serait tyrannique — nous avons le droit de la vouloir respectueuse de la République, forme de gouvernement que s'est donnée la France.

L'armée n'a pas de part à nos querelles politiques.

Et il y aurait peut-être beaucoup à reprendre là-dessus.

Car tout pesé et tout mesuré, avec le service militaire de trois ans, en empêchant les soldats de voter, vous retardez par le fait même l'âge de la majorité électorale de quatre ans et, les jeunes gens ne pouvant plus prendre part au scrutin qu'après leur retour du régiment, ne voteront plus qu'à vingt-cinq ans. — Nous en revenons à la proposition Dufaure, en 1875, contre laquelle tout le parti républicain fut unanime à protester.

D'un autre côté s'il n'y avait pas eu au moins un homme faisant de la politique dans l'armée, qui sait si le 16 mai n'eût pas réussi ?

Sous le 16 mai, en effet, le courageux major Labordère fit échouer en partie — par son énergie — cette canaillerie des de Broglie, des de Fourtou, qui ne reculaient pas devant cette lugubre éventualité de la guerre civile pour assurer un coup de force dans le genre de celui qui avait fait la fortune du dernier Bonaparte, Napoléon le Honteux, comme le surnommera sûrement l'histoire.

Le Trabucaire couronné avait pu saouler l'armée et acheter ses chefs ; Mac-Mahon ne put pas la corrompre.

3.

Des officiers honnêtes firent entendre de courageuses protestations.

Ce qui avait fait réussir César-Macaire fit échouer Mac-Mahon.

N'oublions pas qu'à côté de la vigoureuse et grandiose protestation du pays, il y eut, à ces heures sombres, un sursaut de conscience dans l'armée.

L'armée eut assez de dignité pour faire reculer les coquins de l'ordre moral.

Au moment où l'avenir fermente, où les temps sont pleins de promesses pour la République, nous devons nous souvenir.

L'armée a un rôle assez noble, sans politique, pour ne pas la condamner à cause de quelques sous-officiers, qui, au sortir du cabaret, se sont oubliés au théâtre où ils ont apporté la bêtise qui reste toujours au fond des verres vides du gros-bleu.

A chacun sa peine.

A chacun ses devoirs.

Le peuple nomme ses législateurs.

Les législateurs font les lois.

Les lois sont appliquées par les magistrats.

Les magistrats rendent des arrêts.

Les arrêts sont défendus par l'armée, quand il est besoin — le cas est rare. — Les soldats, en outre, sauvegardent l'honneur national et songent au passé; ils veillent au présent en préparant l'avenir.

Tout s'enchaîne.

Aussi bien cette incartade de mal appris — pour retourner à notre point de départ — doit revenir au cléricalisme qui a essayé de diviser la France en deux parties acharnées l'une contre l'autre.

La lumière et l'éteignoir !

C'est l'éternelle histoire.

Je vois cela d'ici.

Dans ce régiment de dragons, — comme dans beaucoup d'autres malheureusement, — il doit y avoir quelques jeunes officiers gommeux, anciens élèves de la rue des Postes, jésuites honoraires eux-mêmes, qui ne se gênent pas devant leurs hommes pour traiter par dessous leur sabre bénit et goupillonneux cette République haïe.

Et sacré nom de Dieu ! comme on dit à la caserne, vous comprenez, les sous-officiers ont voulu se faire bien voir de leurs chefs en soutane dérobée.

Jugez donc quel honneur, quand ces petits crevés en pantalons rouges, s'étirant dans leurs corsets à taille, diront avec un petit air béat :

— Le maréchal-des-logis un tel ? — Oh ! très bien ! un bon esprit ! Il était de ceux qui ont sifflé *les Fils de 93* et se sont coiffés au chant de la *Marseillaise !*

Pauvres nains !

Mais cette *Marseillaise* que vous ne remplacerez pas par *le Sauvez Rome*, quoique vous en fassiez, cette *Marseillaise* est le chant altier aux accents duquel les conscrits de la Révolution, ayant au front une auréole de gloire, ont fait reculer l'Europe coalisée, conduits qu'ils étaient par des généraux imberbes et par des colonels de vingt ans.

Ces héros, à l'âge où vous alliez encore prendre des bains de pied à Lourdes pour être reçus à vos examens de baccalauréat, avaient déjà gagné vingt batailles.

Il ne faut pas s'émouvoir.

L'armée est française.

La France est républicaine.

Quant aux sous-officiers de Tarascon et à leurs pareils :

Qu'importe !

Le danger n'est pas là.

Comme dit Banville : ce sont des moineaux avec...

Il faut en rire.

N. I., c'est fini.

Ils peuvent mettre leurs casques par-dessus leur calotte de marguillers, le règne des sacristains est passé.

2 ET 2 FONT 4

Depuis que le pays ne ménage pas les preuves de son écœurement pour la misérable politique dont M. Jules Ferry s'est fait l'applicateur responsable, tous ceux qui ont prêté leurs mains et leurs votes aux folies du ministère essaient de se préserver des échecs qui les attendent au jour du règlement de compte devant le suffrage universel, en criant dans tous les banquets et par-dessus les colonnes des journaux subventionnés: union, paix et concorde!

Oui, ces honnêtes ministériels qui, au Havre et ailleurs, ont déclaré que le danger n'était pas à droite, mais à gauche, qui ont répété que le radicalisme était l'ennemi et ont crié: raca! aux républicains indépendants, tous ces gens-là viennent aujourd'hui nous parler de nous unir et nous tendent les bras; ils nous poursuivent de leurs invites et, avec des sourires engageants, nous promettent d'être bien gentils dans la prochaine campagne électorale qui va s'ouvrir.

Naturellement, quand je vois des politiciens qui ont pratiqué la division à outrance nous parler de conciliation, je me méfie; comme le décapité par persuasion, je n'ai pas confiance.

Non, certes.

Vous nous vantez les bienfaits de l'union républicaine; peine perdue, vous prêchez des convertis; cette union, nous l'avons toujours pratiquée et nous en avons été souvent victimes. Plusieurs de vos amis n'occupent des sièges dans les assemblées électives que grâce à l'effacement et au concours de nos amis.

Mais enfin, soit; vous proposez l'union, parlons-en. Union des républicains, pourquoi donc? Pour faire la République, est-il à supposer. La chose est bien facile. Pour faire un civet, prenez un lièvre, pour vous marier, prenez une femme. Il n'y a que l'Opéra-Comique où l'on prenne autre chose qu'un chanteur pour chanter, et il n'y a eu que le ministère Ferry pour vouloir constituer une République en appliquant des procédés monarchiques.

Vous voulez la République? Rien de plus simple: nous avons un vieux programme que vous connaissez, puisqu'il a fait votre fortune et celle de vos patrons, que l'on appelle le programme de Belleville ; mettez-le à exécution. Par lui, nous montrerons que nous sommes vraiment dignes de la confiance de la nation ; en dehors de lui, il n'y a que duperies et compromissions, et nous n'en voulons pas.

Qu'on nous permette une petite comparaison. — Supposons que pour additionner ces deux chiffres 2 et 2, deux personnes soient en désaccord ; l'une, soutenant que deux et deux font cinq et l'autre, que deux et deux font quatre, comme la raison le dit. Appelez-vous concilier que de déclarer, par exemple, que deux et deux font six ? — Étant donné un problème de cette simplicité, il ne peut pas y avoir union et concorde pour donner un démenti à la logique et au bon sens.

Il en est de même pour notre programme ; essayer de le diminuer ou de l'amoindrir, ce serait vouloir faire reconnaître que deux et deux font six, et il n'y a pas un seul républicain sincère qui puisse y consentir.

Unissons-nous contre toutes les factions, pour combattre tous ceux qui s'opposent à l'application de ce programme et de ces réformes si souvent promises, si souvent ajournées : rien de mieux.

Unissons-nous pour tenir les paroles de nos devanciers, pour nous montrer vraiment loyaux et vraiment honnêtes, pour être républicains enfin.

La victoire n'est possible qu'au prix de l'union.

L'union n'est possible qu'à la condition de la faire sur le terrain des principes.

Tous ceux qui voudront les réformes seront naturellement nos alliés ; tous les autres ne sont et ne peuvent être que des adversaires.

DISCOURS
SUR LE MARIAGE CIVIL

PRONONCÉ LE 5 JUIN 1882

A LA LOGE MAÇONNIQUE « *L'ENCYCLOPÉDIQUE* » *DE TOULOUSE*

à l'occasion du mariage civil du F∴ Couderchet,
ingénieur civil.

Je considère comme un grand honneur l'occasion qui m'est offerte de prendre la parole aujourd'hui ; cet honneur ne m'était pas réservé, il revenait de droit à notre T∴ C∴ F∴ orateur, qui s'est trouvé empêché au dernier moment.

J'étais loin de Toulouse quand notre vénérable m'a invité à venir prendre part à cette fête de famille et à suppléer notre F∴ orateur, dont nous regrettons tous ici l'absence. J'ai accepté cette invitation avec empressement et, dut-on me taxer de témérité, je n'ai crainte d'avouer que j'ai accepté avec plaisir. Je suis fier en effet de dire aux jeunes époux combien leur conduite dans cette circonstance, combien leur fermeté sont dignes d'éloges ; d'autres l'auraient dit avec un talent bien supérieur, une autorité plus grande, mais personne, j'ose l'affirmer, avec plus de conviction ni de sincérité.

Nous célébrons un des actes les plus importants de la vie civile ; nous fêtons l'union d'un de nos frères les plus zélés, le F∴ M∴ Couderchet, ingénieur civil, avec Mademoiselle Jalabert. Oui, il s'agit d'une fête, il s'agit de s'associer au bonheur de ce jeune ménage courageux qui a voulu rester fidèle à la vraie morale, qui a voulu rester fidèle aux principes de la libre pensée dont nous sommes les instituteurs.

Vous êtes venus ce soir, n'est-ce pas, madame, et vous, mon T∴ C∴ F∴, recevoir les marques nombreuses de sympathies que nous vous réservions ? Vous êtes venus montrer à tous que vous faisiez partie de ceux qui ne se paient plus de mots, mais qui savent mettre d'accord leur conscience et leur conduite, l'action et l'intention ; de ceux qui font passer les principes du domaine abstrait de la théorie dans le domaine fécond de la pratique. Vous êtes venus affirmer publiquement votre croyance libre. Vous n'êtes pas venus demander à une cérémonie emblématique une prétendue consécration divine par laquelle un Dieu imaginaire, indiscret et rancunier vient apposer sa signature sans effet au bas d'un contrat déjà conclu et devenu irrévocable avant son consentement. *(Applaudissements.)*

Vous êtes venus dans notre temple au milieu de pères de famille leur faire part de votre félicité et de votre bonheur : Vous avez voulu nous prendre tous à témoins que sachant les devoirs que le mariage vous impose l'un à l'autre, vous les acceptez et que vous êtes prêts à les remplir. Vous avez préféré cette communion spirituelle aux conseils non gratuits de quelqu'un de ces prêtres qui ont la prétention singulière de cimenter par eux seuls les mariages des autres, eux qui ont fait vœu de renoncer au mariage ! Vous avez préféré notre concours purement moral aux bénédictions payables avant facture de quelqu'un de ces prêtres qui veulent donner — ou plutôt qui veulent vendre — les vraies règles de la famille, eux qui ont renoncé aux plaisirs, aux charges, aux devoirs de la famille ! Vous avez voulu un mariage purement civil et vous avez repoussé l'intervention d'un de ces prêtres qui, à peine levés de sur les bancs des écoles ecclésiastiques, se croient le pouvoir de donner à leurs semblables la confirmation de l'amour, eux qui ont juré d'arracher de leur cœur — est-ce bien le cœur qu'il faut dire ? — ce sentiment si grand, si noble, si élevé que les anciens avaient placé au rang de leurs divinités. Vous avez récusé le jugement de ces aveugles qui veulent juger des couleurs et vous avez refusé de courber la tête devant ces

contrebandiers de l'amour! *(Vifs applaudissements.)*

Vous avez fui les mensonges et les marchés de
l'Église et vous êtes venus ici, dans le sein de la
franc-maçonnerie, sachant y trouver des hommes
capables de vous comprendre, parce qu'ils sont
pères, fils et époux eux-mêmes, et qu'ils se sou-
mettent aux lois communes de l'existence, n'atro-
phiant pas les sentiments les plus purs, ne rem-
plaçant pas l'amour par une théorie désespérante
et une obéissance passive à des raisonnements
scholastiques.

Vous ne pouviez pas nous demander, et vous
ne nous avez pas demandé, un sacrement qui est
le premier attentat à la sainteté du mariage, et
qui, sous prétexte d'unir les deux futurs, commence à les séparer dès la première heure, par
l'interposition d'un prêtre qui se place entre les
deux époux pour ne plus les quitter.

Dès le jour, jeune homme, où vous allez vous
agenouiller au fond d'un confessionnal pour obtenir le passe-port de votre nuit de noces, billet fameux qui doit vous conduire au bonheur et qui
vous mène au martyre, dès ce jour-là la lutte est
engagée. Silence aux épanchements trop doux!
au jour fixé par la liturgie, faites taire les palpitations de votre cœur! Étouffez les élans de votre
âme, car le prêtre demandera compte de ces
épanchements, règlera ces palpitations, maîtrisera
ces élans. La lutte se continuera ainsi, lutte iné-

gale de deux contre un, lutte du prêtre et de la femme contre le mari ; lutte d'où le mari sortira peut-être vainqueur, mais où sombrera sûrement la paix du ménage, les joies entrevues, le bonheur espéré ! *(Applaudissements.)*

Ah ! je vous félicite, madame, je vous félicite doublement, d'avoir bravé la routine d'abord et d'avoir préféré la paix de votre intérieur, le bonheur de votre foyer, aux désordres religieux et aux interventions mystiques, je vous félicite d'avoir affirmé vos croyances qui sont les nôtres en préférant le mariage civil au mariage religieux : que de joies dans l'un ! que de déceptions et de souffrances dans l'autre !

Soumettre son esprit à toutes les investigations d'un homme chaste peut-être par hasard, mais ardent à coup sûr ; courber son âme aux règles ridicules d'un casuiste ; ne plus avoir de pensées à soi, en ce qui touche les grandes questions de l'humanité ; ouvrir sa conscience à une série de croyances sans unité, sans fondement, édictées par un pouvoir souverain et absolu ; avoir le cœur rempli de crainte, ne trouver grands, beaux, justes, généreux chez son époux que les sentiments approuvés par un autre homme du fond d'une chapelle sombre, à l'ombre des sacristies ; enfin abdiquer son âme et sa raison, voilà le mariage religieux ! *(Bravo ! Bravo !)*

Au contraire, être la compagne du mari, et sa compagne de pensée comme sa compagne de bon-

heur ; le consoler dans ses peines, l'affermir dans
ses succès, avoir le droit de le regarder bien en
face, d'être fière de ses joies, de ses travaux, sans
se préoccuper si ses croyances, ses opinions sont
conformes à la règle donnée par un étranger ;
enfin être deux à marcher la main dans la main
vers l'avenir et le progrès, voilà le mariage civil.
(Longue salve d'applaudissements.)

Ce mariage civil, vous l'avez voulu, vous ne
vous êtes pas laissé arrêter par les préjugés de
notre société routinière. Votre exemple sera suivi,
j'en ai la conviction profonde. Il sera suivi surtout
quand les autres mères verront ce que peut votre
foi qui est la nôtre et ce que valent ces principes
libres-penseurs dont vous nous promettez tous
deux ici de vous faire plus tard les propagateurs
et les applicateurs ; votre exemple sera suivi,
quand sera arrivé l'épanouissement de ce prin-
temps conjugal au lever de soleil duquel nous
assistons aujourd'hui ; votre exemple sera suivi,
quand donnant suite à votre mariage civil vous
vous appliquerez à constituer la famille civile.

Car le moment est arrivé de rompre pour toujours avec les théories et les pratiques catholiques ;
le temps est venu d'arracher à la religion ces deux
forces qui seules jusqu'ici ont fait son triomphe :
je veux parler de la femme et de l'enfant. La
femme, la force du présent, et l'enfant, la force
de l'avenir.

Un grand orateur dont on peut admirer sans

réserve l'immense talent, mais dont il faut craindre l'influence aventureuse, vous disait récemment : « Le cléricalisme, voilà l'ennemi ! » La vérité n'est pas complète. Le prêtre, voilà l'ennemi ! Tel est l'axiome qui se dégage des faits et des événements des dernières années.

Chaque fois qu'un attentat à la liberté vient à se produire : cherchez le prêtre ! Chaque fois qu'un abus de conscience est commis . cherchez le prêtre ! Quand la guerre gronde de l'autre côté des Alpes menaçant les mères de leur enlever leurs enfants aimés : cherchez le prêtre ! *(Applaudissements.)* Oui ! oui ! le prêtre est l'ennemi commun. Il nous a lancé son goupillon : nous relevons le défi et nous lui déclarons la guerre. Reprenant pour notre compte le vieux cri vengeur lancé par Voltaire, nous nous écrions : Écrasons l'infâme ! *(Longs applaudissements.)*

Notre premier devoir est de le chasser de la famille. Et ne nous dites pas que nous voulons faire une famille sans Dieu, car cela n'est pas vrai ! Non ! nous voulons faire une famille sans prêtres. Oui ! et nous la ferons telle. Le catholicisme n'a ni le privilège de la divinité ni celui de l'immortalité de l'âme. On peut croire à Dieu et ne pas croire au *Syllabus !* on peut croire à une vie future sans aller acheter un billet pour le ciel à ceux qui ont sacré le Deux décembre au nom de ce même vieux bon Dieu.

Sacrant tous les bandits royaux dans leurs repaires,
Punissant les enfants pour la faute des pères,

Comme dit notre grand poëte Victor Hugo. Ces grandes idées de Dieu et de l'âme sont indépendantes de la morale et dans tous les cas le catholicisme ne saurait en avoir le monopole; aussi, en les chassant de nos foyers, nous gardons telles opinions morales qu'il nous convient.

Nous parlons beaucoup de la séparation de l'Église et de l'État! et nous avons raison; mais pouvons-nous nous rendre la justice de bien faire tout ce que nous pouvons pour arriver à notre but? Le prêtre ne gouverne, le prêtre n'est fort, le prêtre n'est puissant, le prêtre n'est dangereux que parce que nous le voulons bien; ses moyens de domination sont doubles. L'enfant et la femme d'un côté et les avantages matériels que lui accorde l'État de l'autre. Commençons par lui enlever nos femmes et nos enfants et la moitié de la besogne sera faite. Ni un sou ni une âme, tel doit être notre cri de ralliement. Le prêtre ne vit que par les dotations et par l'empire des âmes. Expulsons-le de l'empire des âmes, expulsion efficace cette fois, ce sera la meilleure préparation pour lui enlever cette riche dotation qu'il prélève sans droit comme sans pudeur. (*Bravo!*)

Dans la sphère de votre pouvoir, jeunes époux, vous avez commencé l'œuvre et je promets en votre nom que vous saurez la terminer. Vous nous donnerez une famille,—la plus nombreuse possible

— la libre-pensée demande beaucoup d'enfants. Cette famille, vous la ferez élever dans les vrais principes que nous professons ; vous conduirez vos enfants dans la carrière libre où vous vous engagez avec tant de courage. Au lieu d'en faire des saints à l'intelligence déformée, allant s'agenouiller devant leur dieu de pierre, de bois ou de farine sèche, vous en ferez des hommes libres, des esprits indépendants qui iront la tête haute par-dessus les préjugés et les erreurs ; vous en ferez des fils ayant au cœur non pas l'amour d'une mère de famille imaginaire, une vierge surnaturelle, mais ayant au cœur l'amour de ceux qui les auront créés deux fois, en leur donnant la vie du corps et la vie de l'esprit. Vos enfants au lieu d'avoir les yeux toujours fixés du côté de Rome pour y chercher un maître, prêts à tout lui sacrifier jusqu'au bonheur de leur maison et la grandeur de leur patrie, vos enfants seront des Français aimant leur pays et sachant au besoin le défendre contre ses ennemis quels qu'ils soient ! Ennemis du dedans et ennemis du dehors, et contre ceux qui rêvent de lui arracher des lambeaux de territoire et contre ceux qui veulent asservir ce grand pays de France à une misérable province romaine. Oh ! la tâche ne nos fils sera sainte ; ils auront à faire respecter l'intégrité de la France telle que la firent nos aïeux de 93 ! Ils auront à conserver la France que défendirent ces héros, à conserver cet esprit vivifiant qui a changé la face du monde, à méta-

morphosé les lois de l'univers, ils auront à conserver cet esprit qu'on voudrait noyer dans l'eau
bénite, qu'on voudrait étouffer sous les lois, les
désirs, les fantaisies de ce prince italien insurgé
contre son pays, de ce romain sans nationalité,
de ce vaticanais innommé qui rêve de faire dévier
l'instruction, comme si le corbeau en étalant ses
ailes pouvait obscurcir la lumière éclatante du
soleil ! (*Longs applaudissements.*)

Cet homme et ses partisans, vous apprendrez à
vos fils non pas à le haïr, — la haine ne doit pas
avoir de place dans le cœur des enfants, — mais
à le craindre comme on craint les être dangereux
et malfaisants. Vous donnerez à vos fils non les
exemples des Ignaces, des Stanislas Koska, des
Louis de Gonzague, ces anémiques et ces épuisés,
mais vous leur placerez sous les yeux les actes
héroïques des Mermet, des Casabianca, des Straus,
des Viala et des Barra et de tous ces enfants de la
République dignes du sang révolutionnaire qui
coulait dans leurs veines ; ce sang révolutionnaire
qui doit régénérer notre race affaiblie si nous
voulons être grands, forts, glorieux, vraiment
dignes de nos pères de 89. (*Nouveaux applaudissements.*)

Oui ! oui ! vos enfants seront vraiment les fils
de la Révolution, ils auront rivé à l'âme cet
amour vivace de la liberté ! ce respect des principes dont les émasculés de notre époque font si
bon marché. — Il ne s'agit pas de recommencer

les gigantesques travaux de la grande épopée —
d'ailleurs nous en serions incapables — mais il
faut continuer l'œuvre commencée. A chaque
époque son progrès, à chaque âge sa besogne, à
chaque génération son labeur. Vos ancêtres ont
arraché les ronces, ont éloigné les pierres et les
herbes parasites : ils ont ensemencé le sol et
cependant la moisson n'est pas encore faite; nos
aïeux ont dressé cette admirable charte d'humanité, ils ont proclamé *les Droits de l'homme* et
cependant nous en attendons encore l'application.
Quand nos aînés ont voulu entrer dans ce champ
des libertés qui est le nôtre, ils se sont trouvés
en présence de deux ennemis qui leur en ont
fermé l'accès. La réaction et le prêtre.

La réaction est vaincue, elle en est à ses dernières protestations, elle en est réduite à se cou-
vrir souvent du masque républicain, à nous
emprunter quelquefois nos armes pour les tourner
contre nous; elle corrompt même nos anciens
combattants dont elle se fait des alliés. Mais ces
efforts désespérés seront vains, la réaction est
blessée au cœur, — pour elle ce n'est plus qu'une
question de temps. (*Oui! oui! très bien!*)

Reste le prêtre!

Et c'est ici que l'œuvre de la jeune génération
commence; c'est pour renverser l'autel et prendre
d'assaut cette barricade de l'ignorance et du fana-
tisme qu'il nous faut des enfants élevés par des
pères et des mères comme vous.

Il nous faut des fils qui sachent vaincre ; et ils seront vainqueurs si nous leur donnons cette éducation saine, forte, virile qui fait les hommes ibres ; ils vaincront s'ils ont pour les réconforter des exemples comme celui de ce soir. Voilà pourquoi votre mariage civil est un commencement de victoire, voilà pourquoi votre mariage civil est une leçon pour la génération qui s'en va et un encouragement précieux pour cette génération qui arrive.

Au nom de la génération qui arrive, je vous remercie. (*Triple salve d'applaudissements.*)

DURES VÉRITÉS

A QUELQUES MAGISTRATS

Le ministère Ferry avait repris contre la presse les poursuites jadis exercées par Bonaparte contre les journaux indépendants.

Ces procédés eurent pour résultat de prouver une fois de plus que pour combattre leurs adversaires les opportunistes ne reculent devant aucun des moyens de l'empire et en outre de mettre en vue trois jeunes avocats Mes Laguerre, Jean-Bernard et Millerand tous trois du barreau de Paris qui ont alternativement défendu les journaux poursuivis.

Voici la péroraison d'une plaidoirie de l'auteur de cette brochure, plaidoirie prononcée devant la huitième chambre du tribunal correctionnel de la Seine dans le procès intenté au journal *La Bataille* dont Me Jean-Bernard avait accepté la défense à côté de Me Gatineau, le regretté député radical qui plaidait pour le gérant; les deux avocats plaidaient l'incompétence du tribunal correctionnel. Nous reproduisons le compte-rendu du journal *La Justice*.

(Note de l'éditeur.)

4.

Mᵉ Jean-Bernard a dit aux magistrats du parquet de dures vérités qui malheureusement ne sont que trop méritées.

En terminant une chaleureuse et éloquente plaidoirie, le jeune avocat, dans un excellent mouvement d'improvisation plein d'entraînement et de fougue, a tenu, au nom de la liberté de la presse, à protester contre ces poursuites mêmes qui sont la violation flagrante et répétée des principes républicains.

« Nous sommes tous ici, a dit Mᵉ Jean-Bernard, partisans de la liberté de la presse, — je parle pour le banc de la défense bien entendu, — mais il n'y a pas plusieurs manières de la comprendre, et je trouve étrange que ces poursuites aient été intentées sur l'ordre exprès, — ordre que vous exécutez en ce moment, M. le Procureur, — que ce soit, dis-je, sur l'ordre exprès des ministres qui occupent momentanément le pouvoir et qui ont la prétention de ne pas être combattus avec les mêmes armes qu'ils employaient eux-mêmes autrefois contre les gouvernements politiques qui usaient des mêmes moyens que les ministres actuels. Eh quoi, monsieur le procureur, vous qui prétendez représenter les traditions républicaines....

M. le substitut procureur de la République fait un signe de dénégation.

Mᵉ Jean-Bernard. — Vous dites non, monsieur

le procureur de la République! Vous ne représentez donc pas les traditions républicaines ? Nous nous en doutions bien un peu, mais nous aimons vous l'entendre avouer publiquement et cela augmente néanmoins ma surprise. Il me semblait dans ma bonne foi, qu'un procureur de la République qui est le représentant du gouvernement près les tribunaux, qui reçoit ses ordres et les exécute avec zèle, il me semblait que ce représentant n'avait pas à renier les traditions de liberté pour lesquelles les hommes que vous servez ont si longtemps combattu, avec nous tous, quand ils avaient l'honneur de lutter dans les rangs de cette même opposition qu'ils combattent aujourd'hui que leur ambition est satisfaite. Vous reniez donc ces principes de liberté; vous ne faites que suivre un exemple qui vient de haut; cela nous donne la moralité de ce procès qui n'aurait pas été intenté si on était resté fidèle à ces traditions que je rappelais tout à l'heure et dont le ministère public ne veut pas être solidaire.

« Eh bien ! poursuivez donc les journaux, poursuivez-les sous la République comme on les poursuivait sous la Monarchie et sous l'Empire.

« Mais je tiens à protester avec toute l'énergie dont je suis capable contre les paroles imprudentes que M. le procureur laissait échapper tout à l'heure. Vous avez dit que nous avions tout intérêt à nous laisser juger par le tribunal correctionnel, parce que le jury serait pour nous beaucoup plus sévère. Laissez-moi vous dire qu'il n'est ici question ni de notre ni de vos préférences ; nous ne cherchons pas ce qui nous convient le mieux, ou ce que vous préférez, nous plaidons pour une question de droit et nous repoussons la compétence du tribunal correctionnel, la loi de 1881 à la main.

« Et quant à la sévérité plus ou moins problématique du jury, qu'en savez-vous ? — Est-ce que cela vous regarde ? Vous n'avez pas le droit de préjuger l'attitude de douze citoyens dont vous craignez les décisions puisque vous les repoussez. Quel que soit le verdict du jury nous réclamons sa juridiction parce que c'est notre droit — notre droit, entendez-vous — dont vous devriez être le défenseur et que vous essayez de violer pour satisfaire les misérables rancunes des coteries ministérielles.

« Nous réclamons le jury et vous n'avez pas à parler de sa sévérité avant que le jury nous ait entendu, avant qu'il ait écouté nos explications et nos défenses. Les jurés écouteront et ce ne sera qu'après qu'ils auront pu discuter librement qu'ils prononceront. Quant à nous, nous avons toute confiance, car le jury, lui, ne reçoit pas d'ordre du ministre, il juge d'après l'équité et il rend véritablement la justice. »

Cette énergique péroraison soulève les applaudissements d'une partie de la salle.

Naturellement, contrairement à ces conclusions, le tribunal se déclara compétent, mais la cour d'appel infirmant ce jugement donna raison aux avocats du journal poursuivi.

SUR L'INTERNATIONALE

Les ministères Ferry, Devès et autres voulaient se donner le luxe dangereux de sauver de temps en temps la société.

C'est ainsi qu'ils poursuivaient à Lyon soixante-six ouvriers sous le prétexte qu'ils avaient reconstitué l'Internationale.

Les républicains savent que l'Internationale n'a jamais été reconstituée depuis 1870 en dépit des condamnations qui ont frappé des ouvriers et des écrivains comme Gauthier et le prince Kropotchine.

Le délit n'existait pas, mais il fallait que la bande ferryste agitât son spectre rouge pour attirer à elle les peureux alarmés.

Du reste, après le retentissant procès de Montceau-les-Mines, où nous avons vu un mouchard organiser un complot dans lequel il entraînait de malheureux jeunes gens de seize à vingt ans et ce, sur les ordres partis du ministère de la place Beauveau qui promettait cinq mille francs de récompense en cas de réussite, aucun doute n'est possible sur les honteuses manœuvres policières de Ferry et de ses complices. Mes Laguerre, Jean-Bernard et Millerand qui défendaient les ouvriers de Montceau-les-Mines devant la cour d'assises de Chalons ont flétri ces abominables procédés et leur éloquente parole a eu l'approbation de tous les gens de conscience, de cœur et de raison.

A Chalons comme à Lyon nous trouvons partout la main des agents provocateurs.

Trente-un des accusés de Lyon firent appel et devant la cour Mes Laguerre et Jean-Bernard étaient au banc des avocats, défendant la cause de la liberté des opinions contre ceux qui sous prétexte de poursuivre l'Internationale qui n'existe plus poursuivaient en réalité les opinions contrairement à toute loi, à toute justice et à toute raison.

Nous donnons les deux plaidoiries de Mes Jean-Bernard et Laguerre qui sont deux éloquentes protestations contre la liberté de pensée violée par les opportunistes, et dont nous empruntons les textes au compte-rendu sténographique du *Petit Lyonnais*.

(Note de l'éditeur.)

PLAIDOIRIE DE Me JEAN-BERNARD

Messieurs de la Cour,

Je dois, avant de commencer, remercier publiquement mon ami Me Laguerre de m'avoir fait l'honneur grand de m'appeler à ses côtés dans cette affaire où il s'agit avant tout de la défense de la liberté.

Quant à vous, messieurs de la Cour, dès le début de cette plaidoirie, je vous répéterai, à mon tour, le mot que vous disait hier mon client dans le cours de son interrogatoire : soyez sévères et montrez-vous inflexibles !

Je ne viens demander ni circonstances atténuantes, ni commisération, ni pitié. Les circonstances atténuantes, d'ores et déjà, je les repousse ; votre commisération, je la refuse, et votre pitié, je ne l'accepte pas. Je fais appel à votre raison et je ne veux pas amollir votre cœur. Je ne viens pas vous dire : soyez cléments, je viens vous dire : soyez justes ! Si dans les circonstances de la cause, vous trouvez les éléments du délit qui nous est reproché, frappez, frappez sans crainte ;

nous sommes prêts à la condamnation la plus sévère. Mais au contraire, si vous pensez qu'il n'y a rien dans la cause de ce qui constitue le délit, si le ministère public s'est égaré dans ses conclusions et le tribunal dans son jugement, acquittez-nous et rendez-nous à la liberté.

Dès maintenant, à l'heure où en sont arrivés ces débats, je peux affirmer que vous rendrez un verdict d'acquittement si vous ne consultez que la loi.

On vous demande de faire l'application de la loi sur l'Internationale ! — Je veux essayer de vous démontrer que l'Internationale n'existe plus.

Mais avant tout, laissez-moi vous dire un mot de cette loi que M. Berthauld a surnommée loi de vengeance, que Me Floquet a qualifiée de loi de rancune, que notre confrère Me Guérin pouvait désigner hier par le nom de loi odieuse, que mon ami Me Laguerre a si justement appelée loi abominable, et que je flétrirai du seul mot de scélérate qui lui convient.

On vous demande d'appliquer cette loi dictée dans un moment d'affolement général par une assemblée troublée par des craintes diverses et des passions multiples, cette loi qui a été le complément de sécurité que s'est octroyée la réaction triomphante au moment où les trente-cinq mille cadavres de la semaine sanglante étaient encore sans sépulture.

Cette loi odieuse, fut une loi d'exception.

Cette loi d'exception fut combattue à la Chambre

par M. Berthauld, aujourd'hui procureur général à la Cour de Cassation, et défendue par M. Depeyre, un homme que vous connaissez bien, monsieur le procureur général, un homme dont vous-même avez combattu les amis et les idées au temps où la démocratie méridionale, d'où nous venons tous les deux, avait l'honneur de vous compter au nombre de ses membres les plus distingués et les plus résolus, avant que la confiance du gouvernement, et votre talent hors de pair, talent dont j'ai souvent éprouvé le charme étrange, et devant lequel j'aime à m'incliner une fois encore, avant, dis-je, que votre talent et la confiance du gouvernement ne vous aient élevé à ce siège, que vous occupez avec l'autorité incontestable que nous avions tous prévu dans ce vieux palais de justice de Toulouse, autorité aujourd'hui incontestée, et dont on s'occupe déjà au palais de Paris en songeant à ceux qui ne peuvent manquer d'y venir bientôt occuper la première place qui leur appartient; donc cette loi fut soutenue par vos adversaires et vaillamment combattue par un de vos prédécesseurs, j'ai voulu dire un de vos collègues.

Enfin soit : acceptons les situations telles qu'on nous les fait : vous venez, M. le Procureur général, vous l'ancien socialiste de 1869, demander une répression sévère contre les internationalistes de 1883.

Je ne veux pas sonder vos intentions.

Votre conduite m'échappe ; c'est une affaire entre votre conscience et vous.

Vous invoquez une loi.

J'ai le droit d'examiner cette loi et de voir ce qu'elle vaut, ce qu'elle peut contre nous.

Qu'a voulu cette loi de 1872 ?

Mettre la famille, la religion et la propriété au-dessus de toute discussion.

Autrefois, avant 1872, les attaques contre la religion étaient punies par l'article 1er de la loi du 25 mars 1822, les attaques contre la famille et la propriété étaient punies par l'article 3 du décret du 13 mars 1848.

Cette loi et ce décret constituaient une sorte de muraille de la Chine qui devait arrêter le flot toujours montant d'hostiles discussions.

Mais l'assemblée des vengeances réactionnaires et des rancunes rurales ne se trouvait pas suffisamment garantie, elle vota la loi contre l'internationale qui était en quelque sorte le paratonnerre placé sur cette muraille pour préserver des orages incertains.

La loi de 1881 abroge la loi de 1822 et le décret de 1848, donc la fameuse muraille de la Chine est détruite ; que va devenir votre fameuse loi de 1872 contre les internationalistes, que va devenir votre paratonnerre ? Va-t-il rester debout par l'opération, je veux dire par l'éloquence des procureurs généraux ?

M⁰ Jean-Bernard se livre ensuite à une discussion théorique et légale du jugement. Il démontre, qu'en admettant que la loi de 1872 ne soit pas implicitement abrogée par la loi du 29 juillet 1881, il faudrait pour pouvoir l'appliquer, prouver d'abord que l'Internationale existe, que la Fédération Lyonnaise a été affiliée et que les groupes de cette fédération ont accepté cette affiliation.

Or, cette preuve on ne l'apporte pas.

Quant à Michaud pour lequel le défenseur se présente spécialement, il est accusé d'avoir été affilié à un groupe, cela est faux.

Voici comment il a été mêlé à cette affaire.

Michaud est du Creusot, cette véritable Bastille ouvrière de fer et de houille, dont M. Schneider est le de Launay fidèle aux principes d'arbitraire et d'intolérance préconisés par tous les cagots industriels et miniers. Là, la liberté de conscience n'est qu'un mot, la liberté politique qu'une affirmation platonique et quant à la liberté de l'offre et de l'échange dans le travail, le souvenir des 4,000 soldats qui ont tiré sur les grévistes de 1866 sont un exemple cruel contre lequel les ouvriers ne peuvent guère protester.

Michaud par sa petite fortune et sa petite position est indépendant.

Michaud vend des journaux et comme les ouvriers, sans avoir constitué de groupe, sont en relation avec d'autres socialistes et qu'ils ne peuvent donner leurs adresses pour ne pas être chassés de leur usine, Michaud leur prête son adresse pour ces communications : voilà tout.

Et quand le commissaire Faquel s'est présenté chez Michaud pour faire une perquisition en vertu d'une commission rogatoire du parquet d'Autun, il cherchait comme il le dit lui-même, dans son rapport, « des poudres, de l'introglycérine, des matières explosibles, de l'acide nitrique, » et il a trouvé quoi ? une vieille lime hors d'usage et un vieux tuyau de caoutchouc ayant appartenu à une vieille pompe d'arrosage.

Pour prouver l'affiliation de Michaud, il faudrait que vous produisiez son livret, prouvant qu'il a été reçu, et sa quittance de cotisation prouvant qu'il continue à participer. Or, vous ne prouvez rien, vous arrivez à l'audience avec des rancunes politiques et des présomptions. C'est trop et ce n'est pas assez !

Mᵉ Jean-Bernard examine ensuite les divers considérants du jugement concernant Michaud qu'il réfute point par point.

Il termine en s'adressant au procureur général :

Ainsi donc pas de preuves et vous voulez frapper quand même.

Eh quoi ! c'est après l'amnistie, après cette loi admirable qui fait l'apaisement des deux côtés, — des deux côtés, entendez-vous bien ! — que vous ne craignez pas de vous servir encore de cette loi qui rappelle l'époque fatale de nos discordes civiles ! Vous choisissez le moment où les passions politiques excitées ont besoin de calme, vous choisissez ce moment pour arracher le bandeau qui recouvrait nos blessures encore mal cicatrisées. Oh ! monsieur le procureur général, vous assumez là une bien lourde responsabilité. Vous ne vous posez même pas la question de savoir si les hommes que j'ai devant moi ne méritent pas nos sympathies et non vos rigueurs.

Vous ne vous demandez même pas si ces théories, pour fausses qu'elles nous paraissent, ne partent néanmoins pas d'un point de vue vrai, et dans tous les cas, j'affirme que votre devoir de gouvernement républicain est de les réfuter et non de les punir.

Vous ne vous demandez pas si cette lutte de l'anarchie n'est pas le résultat d'études sociales mal digérées et de systèmes économiques mal équilibrés ? Vous ne vous demandez pas si ces soubresauts, qui ne sont pas inquiétants par eux-mêmes, ne sont pas les indices certains d'une révolution sociale qui gronde de tous les côtés, et qu'il faut essayer de faire aboutir par des voies pacifiques au lieu de la laisser éclater par l'effet de la violence ? Ne vous y trompez pas, la révolution sociale est à vos portes, elle est inéluctable, elle est fatale, elle est dans l'ordre des choses et dans la logique de l'histoire. On vous le disait à l'audience d'hier, depuis que la pensée humaine s'agite dans les cloisons de notre cerveau étroit, il y a eu des penseurs et des philo-sophes qui se sont passé de siècle en siècle le flambeau de la vérité et de l'utopie, car l'utopie c'est aussi un flambeau non encore allumé, et suivant la parole célèbre de Louis Blanc, l'utopie d'aujourd'hui peut être la vérité de demain.

Cette révolution sociale, peut être faite par les idées pacifiques, si nous savons préparer la voie au courant qui les apporte vers nous, et si nous n'attendons pas que, rompant leurs digues, elles envahissent le monde plein d'injustices au milieu duquel nous vivons.

Et nous avons le droit, nous les jeunes, de vous tenir ce langage car, comme l'a dit un grand orateur dans ses derniers jours de triomphe : La jeunesse est la réserve de l'avenir.

Eh bien ! nous, qui sommes de cette jeunesse et qui sommes de cette réserve, nous qui aurons certainement un jour à compter avec ces hommes que vous poursuivez aujourd'hui, nous qui aurons la charge du lendemain, nous venons vous deman-der de ne pas rendre toute entente impossible et de ne pas creuser un fossé infranchissable. Nous venons vous dire : Ne compromettez pas l'avenir, qui nous appartient, par les fautes du présent qui vous échappe.

Ah ! s'il s'agissait seulement d'une poursuite isolée, nous ne tiendrions peut-être pas le même lan-gage. Mais ce procès est un fait grave qui se rat-tache directement aux causes qui tourmentent la société et la remuent jusqu'au fond des entrailles.

Le mal a des motifs aussi généraux que profonds, et à l'heure qu'il est, Messieurs, ne l'oubliez pas, plus de la moitié des hommes, la plus vaillante et la plus laborieuse, demande à l'autre moitié le vêtement, la nourriture et le gîte.

Les anarchistes croient avoir trouvé la solution de ce problème dans la force. Ils font erreur, eux aussi ! Non, non, qu'ils le sachent, la force est un moyen mauvais, c'est le moyen des audacieux et de ceux qui ne raisonnent pas.

Qu'elle vienne d'en haut, qu'elle vienne d'en bas, la force, quand elle ne s'appuie pas sur le droit, je la flétris, je la repousse avec toute l'indignation dont je suis capable.

Il faut chercher ailleurs la solution de ce problème qui a dévoré des générations de penseurs, fatigué des légions de philosophes, et épuisé le dévouement de ce juste, de ce révolutionnaire qu'on a crucifié, et qui, derrière vous, écarte ses bras comme pour se reculer. Oui, tu as cherché toi aussi cette solution, oh ! Christ ! qu'on invoquait hier dans cette enceinte ! Toi aussi, tu as élevé ton esprit sublime vers ces questions majeures, et ton premier cri de révolté a été un cri d'amour : « Aimez-vous les uns les autres ! »

En face des fortunes scandaleuses et des misères désespérées, tu as donné aux riches cette dure leçon, toi qui leur as dit : « Le bien superflu ne vous appartient pas, il appartient aux pauvres. »

Toi aussi, tu as été un grand révolutionnaire et si, te détachant de ton glorieux gibet, tu pouvais descendre jusqu'à nous, oh ! admirable martyr du Golgotha, si tu venais prêcher les mêmes idées, il se trouverait peut-être encore un procureur général pour te traduire devant les tribunaux et pour demander à nos cours d'appel de punir celui que, dans le langage judiciaire, il ferait appeler par nos huissiers-audienciers « le nommé Jésus, dit le Nazaréen. »

Toi qui as voulu être le rédempteur, tu verrais que la rédemption est toujours à faire. Aujourd'hui moins que jamais, ta belle devise « A chacun selon ses peines ! » trouve son application et les ouvriers de la première heure sont toujours l'objet d'ignobles trafics.

Je ne veux faire le procès de personne.

Le champ serait trop vaste ; je ne m'y aventurerai pas.

Je laisse aux coupables, qu'il ne me convient pas de nommer, la lourde responsabilité de ce que M. Jules Favre, dans ce même palais, en 1833, appelait les escroqueries indignes, l'exploitation de la misère.

Oh ! la misère !

La voilà cette plaie de notre société: la misère ! Le voilà le chancre qui dévore notre vieux monde et le corrode !

Les accusés vous l'ont dit et (les statistiques ne vous permettent pas de douter), à cette heure, on meurt aujourd'hui de faim; on meurt lentement de privations, de travail excessif, de manque de soins.

Et, en présence de cette agonie, que fait la société?

Que fait-elle pour ces malheureux qui, après avoir sucé un lait empoisonné au sein maternel desséché par la fatigue? Que fait-elle quand, après que ces deshérités, après avoir souffert enfants, après avoir souffert adolescents, viennent réclamer, hommes faits, un soulagement à leurs misères?

Que fait-elle?

Elle les poursuit devant vous et vous demande de les enfermer dans des prisons centrales.

Ah! tenez, Messieurs, ce n'est pas ainsi qu'on réfute l'anarchie.

Ce n'est pas ainsi qu'on résout la question sociale, mais c'est de cette façon qu'on prépare aujourd'hui de terribles lendemains.

Messieurs, restez sourds à la voix trop éloquente de l'honorable organe de la vindicte publique, ne frappez pas les anarchistes pour leurs opinions; elles sont fausses, je le veux bien. Ils sont allés trop au delà. Soit! Êtes-vous bien sûrs de ne pas être resté trop en deçà?

Et vous, gouvernants d'aujourd'hui, qui serez les gouvernés de demain, vous qui nous poursuivez, prenez garde! Vous manquez votre but. Nous vous demandons notre part à la vie sociale et vous nous arrêtez. Vous devez être nos guides et non pas nos tyrans. Il nous faut des instituteurs et non pas des geôliers, il nous faut l'école et vous nous donnez la prison.

Monsieur le procureur de la République l'a dit imprudemment en première instance. Ceci est un procès de tendance. C'est un procès contre les anarchistes. — Tant qu'il y aura un anarchiste je le poursuivrai, a dit ce magistrat, avouant votre secret dans des paroles imprudentes échappées à son zèle trop empressé.

Donc c'est bien un procès de tendance intenté sous l'influence de ces hommes politiques à idées étroites que les tempêtes du verre d'eau parlementaire ont jetés sur les bancs des ministères où ils sont ballotés par le vent des oppositions qui passent. Mais il y a une chose qui ne passe pas, c'est le droit qui est inébranlable et c'est la justice qui ne fléchit pas. C'est fort de ce droit que nous nous présentons devant vous, en vous disant: Justice! justice! justice!

Magistrats, faites votre devoir!

PLAIDOIRIE DE Mᵉ LAGUERRE

Messieurs,

La Cour me saura gré de n'apporter après ces longs débats que de courtes paroles; tout n'a-t-il pas déjà été dit dans l'intérêt des accusés? tous les arguments n'ont-ils pas été présentés par mes éminents confrères? l'un, celui qui vient de s'asseoir, avec son beau talent de parole, l'autre avec son meilleur esprit, celui-ci avec sa verve méridionale, celui-là avec sa profonde érudition. Oui, tout a été dit, et l'heure n'est plus aux longs discours.

Pourquoi trente et un anarchistes ont-ils fait appel du jugement qui les a frappés? Telle est la question que je voudrais résoudre devant vous.

S'ils avaient été condamnés pour les doctrines qu'ils professent; si, de par une loi nouvelle que désire sans nul doute M. le procureur général, ils avaient été frappés, si, vous m'entendez bien, la cause avait été le prétexte, ils n'auraient rien dit et auraient subi ce jugement que mon ami

Sigismond Lacroix, le député de Belleville de demain, appelait si justement, comme on vous le disait à l'audience d'hier, une *injustice judiciaire*.

Mais il n'en est pas ainsi ; pour les condamnés, le tribunal a pris ce prétexte de les déclarer affiliés à une société qui n'existe plus. Ils devaient à la justice, ils se devaient à eux-mêmes de faire appel.

D'ailleurs, ce sont des hommes de conviction et de courage ; s'ils appartenaient à l'Internationale, ils seraient hautement venus le déclarer à cette barre, de la même façon qu'ils vous ont déclaré être anarchistes. C'est, du reste, le lot des partis avancés et cette franchise est habituelle.

Dans la franc-maçonnerie (je vous demande pardon d'en parler encore, mais il y a des francs-maçons au banc des avocats, il y en a au moins un au banc des prévenus, et il y en a un au banc de l'accusation), dans la franc-maçonnerie, dis-je, il est interdit à un frère, dans les circonstances difficiles, s'il servait par exemple un autre drapeau, de renier sa qualité, et, s'il le faisait, il serait immédiatement jugé, condamné, exclu de sa loge.

Je ne sais s'il en est de même dans l'Internationale. Ce que je sais, c'est qu'au fameux procès de 1870, tous se déclaraient hautement internationalistes, depuis Chalain, qui présenta une admirable défense collective, jusqu'à Germain Casse, qui se déclarait collectiviste d'opinion avant d'être député opportuniste du 14e arrondissement de

Paris ; ils soutenaient seulement que l'Internationale n'était pas une société secrète.

En effet, si l'Internationale existait et que les prévenus la reniassent, que diraient leurs camarades restés libres ?

Ces révolutionnaires ne sont-ils pas, en effet, les descendants directs des disciples de cet admirable citoyen, Gracchus Babeuf, des ouvriers lyonnais de 1832 et de 1834, dont les insurrections portèrent de si rudes coups à la monarchie de Juillet, des insurgés de Juin, des communalistes de 1871 ?

Chose singulière, monsieur le procureur général, vous qui êtes l'organe de la République, et et non point seulement de la loi, comme vous l'avez dit un peu imprudemment, est-ce que vous pensez que, du haut de votre siège élevé, il vous faut défendre à la fois tous les actes des gouvernements passés, présents et futurs ? Le gouvernement, c'est-à-dire le produit d'une insurrection qui a réussi. Situation bien difficile, alors que celle à laquelle vous devrez faire face, sous votre toque au quadruple galon d'or, quand il vous faudra, dans une promiscuité étrange, vous constituer à le fois le défenseur de la loi du sacrilège et de l'application des décrets du 2 décembre et de la répression communaliste.

Ce que je constate c'est que, de par votre autorité, ce que vous pouvez nous empêcher de dire dans cette enceinte, je puis le dire à côté, dans une réunion publique, impunément, de par notre législation libérale ; je puis faire l'apologie de faits qualifiés crimes par la loi ; quel est donc le parti dont les défenseurs ne font pas l'apologie d'un crime quelconque ? Vous ne pourriez ni me poursuivre ni me condamner.

Oh ! je sais vos regrets, à un moment où l'autorité déborde de toutes parts, à un moment où un haut fonctionnaire en arrive à rougir de représenter la République dans cette enceinte, à un moment où, nous autres les républicains libéraux, nous devions écouter hier tête baissée, les reproches justement et éloquemment formulés par Mᵉ Arcis contre les opposants de la veille devenus les gouvernants du lendemain. Oui, monsieur le procureur général, un vieux député de la Haute-Garonne me le disait, en 1869, vous écriviez dans *l'Émancipation* de Toulouse, ce vaillant journal radical, de remarquables articles socialistes, aujourd'hui vous acceptez de poursuivre les socialistes, de même que M. Jules Ferry, président du Conseil qui se livre aux déclarations autoritaires que vous savez, s'écriait éloquemment à la tribune du Corps législatif, le 9 février 1870 :

« Comme vous ne pouvez pas vous appuyer sur un texte de loi, vous êtes dans l'arbitraire ; je dis de plus, que vous n'êtes pas dans la politique, mais dans la maladresse. Vous ne savez donc pas que la meilleure soupape aux désordres de la rue,

c'est la liberté, mais la liberté franchement justi-
fiée, et non pas la liberté hypocrite que vous
nous servez.

« Tant il est vrai que les hommes sont tous les
mêmes et, qu'une fois arrivés au pouvoir, ils
brisent bien vite l'échelle qui leur a servi à y mon-
ter. »

Messieurs, je viens d'affirmer le courage de
ces hommes ! je tenais à le faire, vous devez vous
incliner devant lui.

Il me souvient, pour feuilleter encore les pages
mouillées de sang de notre histoire contempo-
raine, qu'un des tristes héros de la guerre civile
de 1871, le général Espivent, celui qui, à Marseille, fit fusiller ce jeune et vaillant esprit, Gaston
Crémieux, fit un mot qui lui fait honneur : « Gaston Crémieux est un de ceux à qui on serre la main
avant de les fusiller ! » Messieurs les anarchistes
sont des hommes à qui il faudrait serrer la main
avant de les condamner !

Mais les condamnerez-vous ? Voilà la grosse
question qui se pose devant vous, à laquelle je ne
puis croire que vous répondiez affirmativement.

Je sais bien les hauteurs sereines où plane
votre justice ; ne devez-vous pas pourtant vous
préoccuper de cette opinion publique qui, pour la
première fois depuis longtemps dans notre pays
si profondément divisé, s'est sentie unanime à
blâmer tout au moins les rigueurs du jugement
de première instance.

C'est qu'elle avait été bien perfidement trompée par l'accusation qui lui avait laissé croire que c'étaient les complices du détestable attentat de Bellecour qui allaient comparaître devant le tribunal correctionnel.

Une fois la vérité connue sur ce point, tous ont blâmé la sévérité du jugement, et il est bien naturel que les plus avancés aient été les plus violents dans la formule de leur blâme.

On vous a parlé hier de l'indignation causée dans l'opinion publique par le jugement des tribunaux de première instance ; je comprends cette indignation que je partage ; oui, monsieur le procureur général, que je partage, entendez-vous bien, car le jugement n'est pas définitif, et jusqu'au prononcé de l'arrêt de la cour, j'ai le droit de le qualifier comme il me convient. Cette indignation ne s'explique que trop pour ceux qui sont au courant, comme moi, du mouvement socialiste, qui connaissent les groupements et les divers fractionnements des forces révolutionnaires ; car ce mouvement révolutionnaire existe. Monsieur le procureur général le sait bien ; il y a treize ans, en 1869, il aurait pu lui aussi nous mettre au courant de ce qui se passait dans le milieu socialiste ; mais depuis treize ans, les choses ont changé, et tandis que les idées de progrès suivaient leur cours, quelques-uns se sont arrêtés n'est-ce pas ? Et c'est là ce qui fait notre supériorité et notre avantage, tandis que nous avons marché de l'avant, d'autres ont reculé, et il est tout naturel que nous ne nous entendions plus en matière de liberté.

Mais ceux qui n'ont pas renié leur passé savent aujourd'hui très bien que l'Internationale n'existe plus; aussi, quelle explosion de colère quand on a lu le jugement condamnant les anarchistes pour affiliation à l'Internationale, qui a disparu en 1873, quand le congrès de La Haye en transporta le siège à New-York, d'où elle n'est plus revenue !

L'Internationale est donc morte et bien morte.

Le législateur n'a voulu atteindre que l'Internationale existant en 1872, et non pas des associations similaire pouvant présenter un caractère cosmopolite; le texte même de la loi et ses travaux préparatoires ne peuvent laisser même l'ombre d'un doute à cet endroit. Je me contenterai de rappeler les paroles prononcées par M. Lacaze, rapporteur de la loi, et celles non moins explicites de M. Dufaure, qui semblent avoir décidé les derniers hésitants. Des citations sont rapportées dans les conclusions que mes confrères et moi avons eu l'honneur de déposer devant la cour.

Permettez-moi cependant de vous dire l'opinion de deux hommes que vous ne récuserez pas, monsieur le procureur général, car ils n'aimaient guère la république, et haïssaient bien la liberté, je veux parler de MM. Fresneau et Depeyre. Voici comment s'exprimait M. Fresneau, qui prit une part active aux délibérations de l'Assemblée nationale :

« Dès lors, une loi momentanée qui interdit *nominativement* une association constituée pour la guerre, pour l'action, devient nécessaire, jusqu'à ce qu'on ait rendu au pays les éléments de vie dont il est relativement privé. Ce n'est pas à un autre titre que nous réclamons ces rigueurs toujours dangereuses, toujours onéreuses, car je ne sais pas un parti qui fonde l'espoir d'un avenir quelconque sur les amendes et la prison. »

Maintenant, voulez-vous l'opinion de M. Depeyre, le garde des sceaux de l'époque?

« Il s'agit de la provocation à la cessation du travail qui part d'une main étrangère, d'un mot d'ordre étranger. »

Vous le voyez, la loi est précise, elle vise bien une catégorie bien déterminée d'individus appartenant à une société spécialement nommée, visée, désignée expressément; et si vous n'apportez pas à chacun la preuve dès maintenant de l'existence de cette société, la prévention contre les accusés manque de base, ne se tient pas, et la cour sera obligée de prononcer l'acquittement, acquittement auquel je crois fortement à cette heure avancée des débats.

Me Laguerre, reprenant la question légale, démontre qu'au congrès de Londres, à la réunion de Genève, il y a bien eu un essai de reconstitu-

tion de la société si on veut, mais cette reconsti-
tution n'a pas été suivie d'effet ; il y a eu intention, mais il n'y a pas eu exécution, et il y a aussi
loin entre le désir et la réalité qu'entre la coupe
et les lèvres.

Ensuite, présentant d'une façon spéciale la
défense de Voisin, l'éloquent défenseur prouve,
d'une façon qui nous a paru irréfutable, que l'accusé n'a pas fait partie du groupe de Montceau-
les-Mines, par cette excellente raison que ce
groupe n'existe pas. « Voisin se trouve dans la
même situation que Michaud, que défendait hier
avec tant de talent mon ami Mᵉ Jean-Bernard ;
Voisin est un simple marchand de journaux qui
recevait chez lui et vendait chez lui des journaux
anarchistes comme *le Droit social* et *l'Étendard
révolutionnaire* ; vendre des journaux, même
des journaux anarchistes, cela ne constitue pas
un délit et ne saurait être puni de quinze mois
d'emprisonnement. Voisin, en outre, est un
homme d'une honorabilité parfaite, qui a souvent
exposé sa vie pour sauver celle de ses semblables,
et, après avoir opéré sept sauvetages, il a été
décoré de la médaille qu'il porte et dont il a le
droit d'être fier. C'est, en outre, un père de famille qui a trois petits enfants dont il est l'unique
soutien.

Je ne dis pas cela, ajoute Mᵉ Laguerre, pour
exciter votre pitié, dont Voisin ne veut pas, mais
pour vous montrer la souveraine injustice de

cette condamnation, qui arrache un père de famille à sa femme et à ses enfants pendant de longs mois, parce que ce dernier a exercé la profession très honorable de marchand de journaux dont les opinions ne conviennent pas au pouvoir.

Quant à Bardoux, qui a fait partie de la fédération lyonnaise, cette situation a déjà été discutée par les avocats. On l'accuse d'avoir acheté une couronne pour déposer sur la tombe des mineurs de la Ricamarie ; tous les partis savent honorer leurs morts ; c'est un devoir pour les ouvriers d'honorer la mémoire des prolétaires tombés sous les balles des soldats de l'empire. Bardoux est accusé aussi d'avoir apposé, pour un modeste salaire, les affiches pour deux conférences de Louise Michel.

L'honorable avocat fait remarquer que la salle ne serait pas assez grande si on devait traduire en police correctionnelle tous ceux qui ont apposé, en France et ailleurs, des affiches de l'inépuisable conférencière.

Bardoux est, du reste, un honnête homme et un excellent ouvrier, que la cour acquittera certainement.

J'en arrive, ajoute M⁰ Laguerre, à vous rappeler que le jugement aux deux cent vingt-huit attendus contient de nombreuses erreurs matérielles, de telle sorte qu'on a pu vous dire avec raison que, quand bien même vous en maintiendriez les dispositifs, il peut en réformer les motifs. Vous en retrancherez aussi cette étrange appréciation de doctrine, à laquelle on ajoute je ne sais quelle pompeuse réprobation, tant il est vrai que ce sont des doctrines que l'on traduit à votre barre.

Enfin, Messieurs, un dernier principe doit préoccuper votre conscience de juges, la justice doit être égale pour tous. M⁰ Huguet vous a fort bien démontré tout à l'heure tant qu'Élysée Reclus ne serait pas venu s'asseoir sur ces bancs, mais il a oublié de dire à la cour le véritable motif de vos hésitations à son égard, vous ne pouvez pas dire que vous avez poursuivi tous les accusés.

Une fois déjà, en 1871, Élysée Reclus a été condamné à je ne sais combien d'années de détention pour participation à la Commune, par un de ces conseils de guerre qui, combattants la veille, s'étaient institués juges le lendemain.

Il s'éleva de tous les coins du monde civilisé un immense cri de réprobation : une pétition courut le monde, semblable à celle que publiaient hier les journaux, dans l'intérêt du prince Kropotkine. Il fallut s'incliner et, au moment même où la justice n'existait plus, où il n'y avait place ni pour la pitié ni pour la clémence, où transformant la peine de la déportation en peine de mort en envoyant des femmes et des enfants mourir sous le climat calédonien, il fallut céder pour Reclus, et sa peine fut commuée en celle, évidemment plus douce, du bannissement.

Voilà ce qu'a voulu éviter l'accusation, et, loin de moi la pensée de m'en plaindre, on a été jusqu'à donner à Reclus une permission timbrée de la préfecture du Rhône pour voir son ami Kropotkine à la prison Saint-Paul. La conséquence de tout ceci s'impose : vous ne pouvez pas condamner.

Je puis vous répéter aussi ce que vous disait Gauthier, dans son interrogatoire, ce qui ne saurait être douteux pour une personne de bonne foi, à savoir qu'il ne serait pas ici s'il n'avait eu la mauvaise pensée d'aller, vers le milieu d'octobre, faire une conférence à Villefranche-sur-Rhône.

M⁰ Laguerre raconte ici un fait bien curieux, tout à fait incroyable et qui nous paraîtrait impossible s'il n'avait été affirmé par les accusés eux-mêmes qui ont été mis en liberté à Paris.

On sait que Gauthier a été arrêté en vertu d'un mandat du juge d'instruction de Chalon.

En vertu de ce même mandat, MM. Crié, Vaillat, Aymery-Dufeux, d'autres encore furent arrêtés également. Mais M. Blancart des Salines, le juge de Paris qui fut chargé de l'instruction de cette affaire, fit mettre les inculpés en liberté provisoire.

Gauthier devait profiter de cette liberté, et au moment de l'élargissement, les gardiens jetèrent son nom aux échos de la prison ; mais ce fut en vain, Gauthier avait été arrêté à Villefranche, et tandis que Crié, Vaillat et Émery-Dufeux et leurs amis n'ont plus été inquiétés, Gauthier, au contraire, arrêté en vertu du même mandat d'arrêt, nous le répétons, a été traduit devant le tribunal de Lyon et condamné à la peine sévère que nous connaissons.

C'est là un fait invraisemblable, et nous demandons vraiment ce que deviennent l'autorité et la justice dans de semblables affaires. Suivant qu'un accusé est arrêté à Paris ou à Lyon, pour le même fait, il sera ou remis en liberté provisoire, ou condamné à cinq ans de prison.

C'est monstrueux !

Mᵉ Laguerre rappelle enfin l'inégalité des poursuites intentées, car il aurait fallu poursuivre tous les membres de la fédération lyonnaise et tous les marchands de journaux, si l'on avait voulu exécuter la menace imprudente tombée comme un aveu des lèvres de M. le procureur de la République, à la fin de son réquisitoire : « Tant qu'il y aura un anarchiste à Lyon, et que je serai sur ce siège, je le poursuivrai ! »

Mᵉ Laguerre rappelle ensuite l'acquittement récent de Jérôme Bonaparte et la situation singulièrement différente du prince russe et du prince français.

L'éloquent avocat reprend une parole de Gauthier qui a dit dans sa défense que frapper les accusés serait frapper des ouvriers républicains.

C'est qu'en effet, s'écrie le défenseur dans un magnifique mouvement d'éloquence, ce sont, malgré tout, des républicains, ces ouvriers que les injustices criantes de la société actuelle ont poussé vers des idées fausses, mais qui comprendront certainement, le jour où les hommes de liberté triompheront, que la République peut seule trancher cette question sociale, objet de leurs légitimes préoccupations.

Nous vivons, reprend Mᵉ Laguerre, sous une législation libérale; voici, Messieurs, la longue nomenclature des délits et des crimes, des crimes, vous entendez bien, abolis par la législation de 1881 :

Attaque contre la liberté des cultes;

Attaque contre le principe de la propriété;

Attaque contre les droits de la famille;

Attaque à la Constitution.

Attaque contre le respect dû aux lois et à l'inviolabilité des droits qu'elles ont consacrés;

Apologie de faits qualifiés crimes par la loi;

Excitation à la haine et au mépris du gouvernement;

Excitation à la haine et au mépris des citoyens les uns envers les autres;

Outrage à la morale religieuse:

Outrage envers le Sénat et la Chambre;

Outrage envers la République;

Outrage aux religions reconnues par l'État;

Provocation à la désobéissance aux lois;

Provocation à commettre un délit, non suivi d'effet.

Émile Gauthier avait bien raison de nous dire que la loi de 1872 était, elle aussi, implicitement abrogée par la loi nouvelle.

Messieurs, il fallait que l'accusation inventât encore quelque chose pour justifier cette injustifiable poursuite, on avait emprisonné les anarchistes, on allait les condamner, il fallait les déshonorer.

Après que la machine infernale eut éclaté sous la voiture du premier Consul, un bruit fut perfidement répandu par le gouvernement : « Ce sont les républicains. » « Ce sont les libéraux, » répéta le pouvoir, lorsqu'en 1830, le duc de Berri tomba sous le poignard de Louvel; au moment du détestable attentat Fieschi, la monarchie de Juillet fit dire par ses amis : « Ce sont les républicains, » et, honte éternelle attachée à sa mémoire, fit emprisonner immédiatement le loyal Armand Carrel. « Ce sont les républicains, » répétaient enfin les courtisans impériaux après l'attentat d'Orsini.

Aujourd'hui, en parlant des attentats coupables de l'Assommoir et du bureau de recrutement, que Gauthier flétrissait avant-hier dans sa défense, et dont les auteurs sont encore inconnus, l'accusation, bien plus le jugement, s'écrie : « Ce sont les anarchistes ! »

Abominable manœuvre !

Oh ! je sais bien que M. le président, et je l'en remercie, a dit au prévenu Bernard : « Vous n'êtes pas accusé de l'attentat de Bellecour. »

Voilà la pensée de M. le président, et je relève avec joie cette contradiction avec le tribunal, elle me donne un profond espoir. La cour, j'entends bien, mais le tribunal !

Le tribunal, Messieurs, vous savez ce qu'il a osé dire : Les accusés responsables *jusqu'à un certain point* de l'attentat de Bellecour !

Jusqu'à un certain point ! Comprenez-vous bien ce que cela veut dire ; l'ère rouverte aux procès de tendances, aux procès politiques, un nouveau délit créé, le délit de complicité morale ; ah ! Messieurs, je n'ai pas à vous dire ce que je pense des attaques dirigées contre la magistrature, mais je vous affirme qu'elles seraient toutes légitimes, si un pareil langage devenait le langage de la justice. Les abominables jours de l'inquisition du moyen âge ont ressuscité ; ceux-là aussi étaient responsables jusqu'à un certain point.

Ah ! c'est ici que je sens qu'il faudrait au banc de la défense, la voix éloquente du grand orateur de votre cité lyonnaise, Jules Favre ! il me semble l'entendre d'ici flétrissant avec une incomparable indignation la monstrueuse doctrine du tribunal de première instance : jusqu'à un certain point !

Messieurs, vous ne rouvrirez pas l'ère détestable des procès politiques ; vous ne le ferez pas en cette matière, à une époque où il s'agit d'en arriver pacifiquement, sans luttes ni violences, aux réformes sociales, où il est permis d'espérer que l'esclavage antique ayant disparu, le servage ayant disparu, le prolétariat disparaîtra, lui aussi, et que de la situation de salarié, l'ouvrier sera élevé à celle d'associé.

Voilà l'avenir auquel nous travaillons, à vous de nous aider.

Messieurs, j'ai fini ; ce ne sont pas les gouvernements forts qui font les procès de ce genre ; le gouvernement qui a fait soutenir cette accusation, je le trouve admirablement caractérisé dans cette citation due à la plume d'un éminent écrivain :

« Une politique étroite, qui ne cherche les conseils du jour que dans les événements de la veille, qui ne marche qu'à tâtons, parce qu'elle n'a ni but, ni règles, ni principes, parce qu'elle ne sait au juste ce qu'elle doit permettre ou interdire, parce qu'elle ne vit que d'expédients et de petits moyens, peut, dans sa misérable sagesse, énerver un peuple et le faire mourir de consomption ! »

Aussi, nous sommes-nous trouvés réunis, d'opinions différentes, au banc de la défense, groupés sous le glorieux drapeau de la liberté, et, au moment où M. le procureur général va se lever pour conclure, j'adresse à la cour, avec un espoir profond, une dernière prière d'acquittement ; elle fera ainsi œuvre de saine et prévoyante justice !

6.

UNE HYPOTHÈSE

Tout le monde parle de la conspiration orléaniste.

Réussira-t-elle ou non? Ce n'est pas ce que je veux examiner ; ce qu'il y a d'incontestable, c'est que les factions monarchiques s'agitent et que l'ambition de grimper sur le trône de son grand-père mène le descendant d'Égalité ; ce qu'il y a de sûr, c'est que des hommes politiques sont tout prêts à acclamer ce roi, et que d'autres ne demandent pas mieux de se laisser faire une douce et rémunératrice violence.

On a déjà commencé l'embauchage, paraît-il.

On s'occupe de dompter ces fiers caractères tout d'une pièce... de cent sous ! On cite des noms, on murmure des chiffres ! Ce qu'il a de plus surprenant, ce n'est pas qu'on puisse acheter les consciences de certains politiciens, mais c'est le prix qu'on estime leur trahison.

Allez vous promener dans les couloirs de la Chambre, vous serez fixé sur la cote. La canaillerie fait prime.

Quoi qu'il en soit, malgré toutes les menées et, pour quelqu'improbable que soit une restauration monarchique, elle n'est pas impossible ; nous pouvons donc supposer, si vous le voulez bien, que les menaces des écrivains royalistes se sont réalisées et que nous nous trouvons en face d'un coup de main orléaniste.

Que va-t-il se produire ?

Ou bien nous pourrons prévenir la proclamation de la royauté, ou nous serons forcés de la subir, suivant que l'opération aura été plus ou moins bien conduite.

Dans le premier cas, la chose est bien simple : il faudrait répondre à des menées royalistes par des moyens révolutionnaires, et nous souvenir qu'il y a eu, dans notre parti, en 1793, des hommes qui savaient ce que conserver une République veut dire ; ces moyens étaient résumés récemment sous une forme métaphorique par la personnalité politique qui se cache sous le pseudonyme de « Jean Naïf » et qui écrivait qu'il y a toujours dans les fossés de Vincennes des grenouilles demandant un roi.

Car, il est bien entendu que je ne m'arrête pas une seule minute à la pensée naïve de nous livrer à cette plaisanterie inoffensive, consistant à prier ces messieurs de prendre le train et d'aller continuer à Liège ou à Gand la conspiration commencée à Paris. Non, tout cela c'est de la blague, pour employer l'expression consacrée, et les fossés de Vincennes me semblent constituer un décor réaliste mieux approprié aux exigences scéniques du dénouement d'une conspiration. D'autant que rien n'aurait été fait tant que M. Bocher et les autres resteraient rivés à leurs fauteuils de sénateurs, que M. Léon Say s'agiterait dans la coulisse financière prêt à pousser en avant MM. Rothschild, dit de La-Culbute-Nationale.

C'est raide, direz-vous? Parbleu, mais n'oubliez pas que nous nous sommes placés dans l'hypothèse d'une révolution, et tout ce que je peux faire, c'est de vous accorder une bonne cour martiale — (car je suis partisan de la légalité) — qui au moindre geste, au moindre mouvement, crac !

C'est beau, la légalité, allez !

Voilà pour le cas improbable où nous pourrions arrêter la conspiration à temps.

Mais poussons plus loin les conséquences de notre hypothèse et supposons que demain matin, à l'heure où M. Waldeck applique le cosmétique qui a l'honneur de fixer ses rouflaquettes, supposons, dis-je, que demain, en nous levant, nous apprenions que le coup est fait.

Que pensez-vous qu'il arriverait ?

Rien absolument.

On garderait la Constitution actuelle, que M. Léonce de Lavergne déclarait en 1875 se rapprocher le plus de la monarchie, on proclamerait que Philippe **VII** est la meilleure des Républiques, les prêtres chanteraient quelques *Te Deum*, M. Ferry écrirait à tous les petits journaux de nombreuses lettres affirmant que ce sont les radicaux qui ont commencé, et le tour serait joué.

Sans doute, et je l'espère pour nous tous, il y aurait une cinquantaine de députés qui descendraient dans la rue, et nous serions bien trois ou quatre mille pour les suivre et faire parler la poudre pendant que d'autres prendraient celle d'escampette; mais nous aurions beau crier qu'on renverse la République, le peuple ne le croirait pas, il lèverait les épaules et nous laisserait proprement trouer la poitrine au coin d'un boulevard quelconque, dans une pose que retracerait plus tard quelque peintre désireux de faire reproduire son tableau par la lithographie.

Comme en 1852, le peuple manquerait de confiance, et peut-on lui en vouloir, après les jongleries parlementaires auxquelles nous assistons, après la Tunisie, le Tonkin, les scélérates conventions et le reste.

Le peuple, qui ne voit que les résultats, se dirait que depuis quinze ans on le trompe, on le berne, que toutes les révolutions ont été faites, pour permettre à M. Jules Ferry de proclamer l'état de « piège » dans le gouvernement en mettant en pratique cette maxime opportuniste, à savoir que les petits mensonges entretiennent les majorités. C'est trop peu pour décider les citoyens à défendre les principes qui restent intacts dans la majesté de leur grandeur sublime et théorique.

A moins pourtant que, subissant les efforts d'un élan dont il ne faut jamais désespérer, le peuple ne se sentît entraîné malgré lui ; à moins, ce qui est plus que probable, que l'armée, plus républicaine qu'on le croit, refusât de se ranger autour du légendaire parapluie, et alors...

Ainsi donc, si M. le comte de Paris est sûr d'arriver à son but, sans passer par la ligne de Vincennes, il est bien bon de se gêner ; il en serait quitte, pour deux ou trois mille imbéciles qui irions donner le rouge de nos veines, afin de marquer pour les générations futures, le chemin suivi par la troisième République au moment de son départ ; il pourrait y ajouter quelques milliers de mauvaises têtes qu'on mettrait facilement à la raison en les envoyant faire un voyage d'agrément du côté de la Nouvelle-Calédonie, et ce serait tout.

Ce n'est pas la peine de reculer.

Que Philippe VII continue donc son petit maquignonnage dans la basse-cour politique, mais que l'on n'oublie pas non plus l'histoire d'un certain perruquier maladroit, qui tint quelque temps le plat à barbe, sur la place dite de la Concorde.

Dame, en Révolution, on fait des omelettes, mais on ne sait jamais qui paiera les œufs cassés !

TABLE DES MATIÈRES

Au lecteur.................................... 5
I. — Le grand problème 7
II. — Mandataires et Mandants.................. 10
III. — L'Enseignement professionnel............... 18
IV. — Les secours aux réservistes................. 22
V. — Un de plus ! (contre la peine de mort)....... 29
VI. — Place aux jeunes !........................ 33
VII. — L'armée et la République................... 42
VIII. — 2 et 2 font 4............................ 49
IX. — Discours sur le mariage civil............... 53
X. — Dures vérités à quelques magistrats.......... 65
XI. — Sur l'Internationale....................... 70
XII. — Plaidoirie de Mᵉ Jean-Bernard.............. 72
XIII. — Plaidoirie de Mᵉ Laguerre................. 84
XIV. — Une hypothèse........................... 102

3384. — ABBEVILLE. TYP. ET STÉR. A. RETAUX. — 1885.